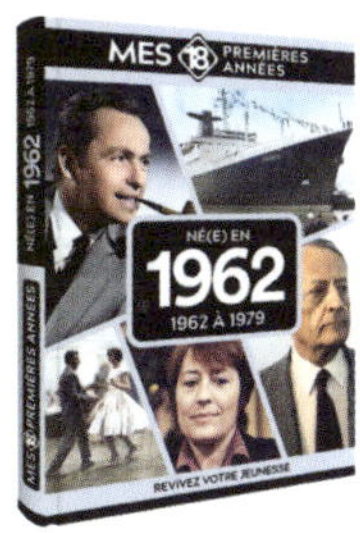

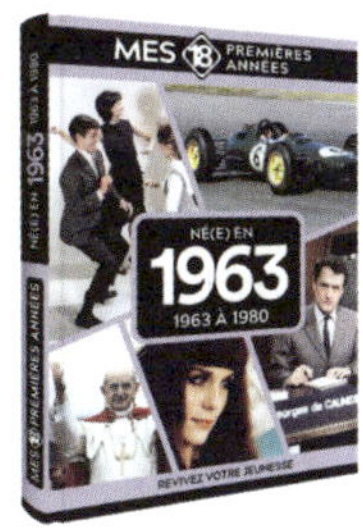

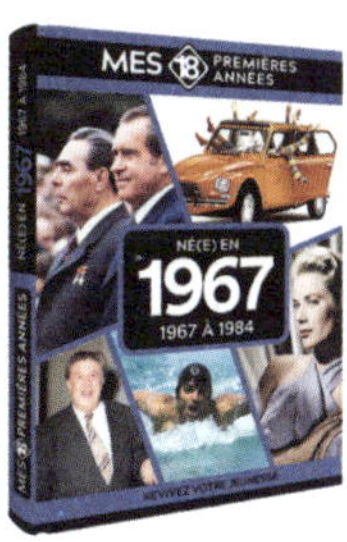

MES 18 PREMIÈRES ANNÉES

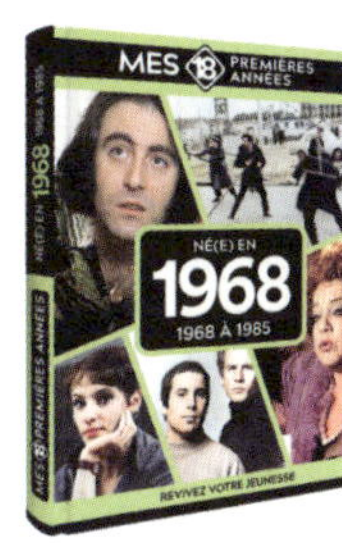

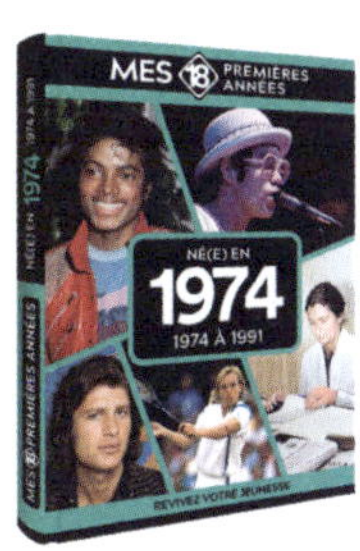

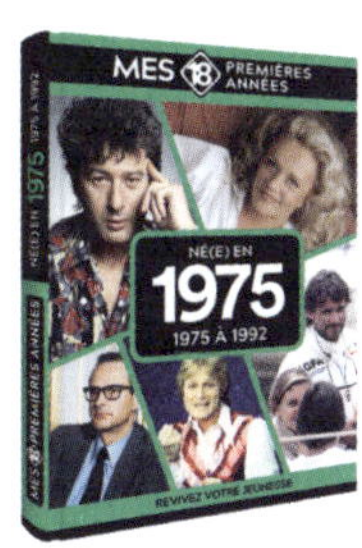

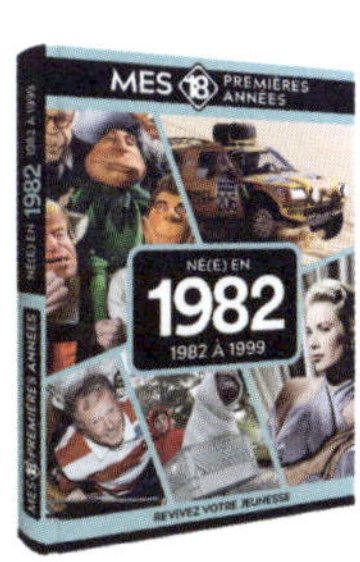

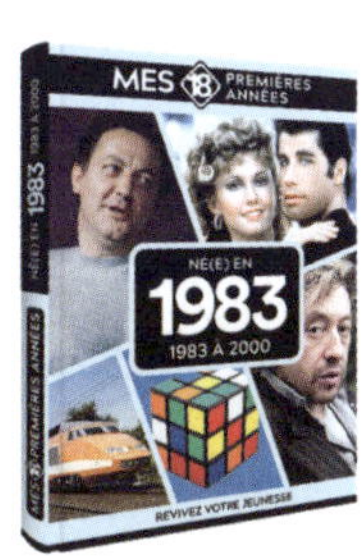

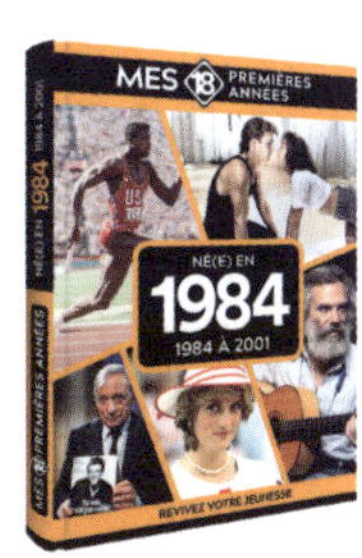

MES 18 PREMIÈRES ANNÉES

NÉ(E) EN

1965

1965 À 1982

www.mijneerste18jaar.nl
info@mijneerste18jaar.nl

Mes 18 Premières Années d'après une idée et un concept de Thars Duijnstee.
Recherche et texte : Hervé Loux, Jean-Louis Sparmont, Annie Faure, Nicolas Lescieux, Erik Verdonck, Jan Delvaux.
Composition et édition d'image : Jeffrey Roozeboom, Erik Verdonck.
Conception : Ferry Geutjes, Boudewijn van der Plas, Jeffrey Roozeboom.
Rédaction finale : Erik Verdonck, Olivier Faure.
Mise en page : Ferry Geutjes, Boudewijn van der Plas.

Photos : Nationaal Archief, Getty Images, Shutterstock, ANP, National Archive, Bundes Archiv, Erik Verdonck, Jeffrey Roozeboom.

Les rédacteurs ont utilisé les sources suivantes : Wikipedia, Rollingstone.com, L'Express, Le Figaro, Libération, France Soir, Le Monde, L'Equipe, Les Echos, Les Inrockuptibles. TV Magazine, Télé 7 Jours, Télé Z, Télé Loisirs, Femme Actuelle, Paris Match, Télé Star, Notre Temps, Télé 2 Semaines, Télérama, TV Grandes Chaînes.

Le top-10 de chaque année est composé par Jan Delvaux, la sélection est strictement personnelle. Les listes contiennent des classiques, des chansons françaises, pop et rock. Les top-10 reflètent l'ambiance d'une année et d'une époque. Il y a régulièrement des surprises, des morceaux oubliés et des (re)découvertes. Les tubes qu'on ne passe plus à la radio mais qui étaient populaires à l'époque.

Nous remercions : Jan Delvaux, Njord de Petter. Mode d'emploi listings Spotify :

1. Ouvrez Spotify
2. Cliquez sur Chercher (l'image de la loupe)
3. Cliquez sur scanner (l'image de la caméra)
4. Ciblez la caméra sur le code Spotify dans le livre
5. Ecoutez la liste sélectionnée !

ISBN 978 94 9337 310 5

NUR: 400

SPORT

Le cannibale
Le cycliste belge Eddy Merckx n'a que 20 ans quand il commence sa carrière professionnelle. Dans ses meilleures années il gagne presque tout, sauf Paris-Tours. Le 'cannibale' devient une icône mondiale, selon certains le meilleur cycliste de tous les temps, voire même le meilleur sportif tout court. En 1972, il obtient le record de vitesse sur piste au Mexique : 49,431km/h sur une bicyclette de l'époque.

Nantes Champion de France
30 mai 1965. Saison historique pour José Arribas et ses hommes. Le championnat se joue jusqu'à la dernière journée, où le FC Nantes doit l'emporter face à Monaco pour être sacré. Et c'est devant son public que Nantes parvient à se défaire de son adversaire, et ainsi remporter pour la première fois de son histoire le titre de Champion de France.

La Coupe de France pour Rennes
23 mai 1965. Après une demi-finale remportée face à l'ogre Saint-Etienne, le Stade rennais se retrouve en finale de Coupe de France face à l'UA Sedan-Torcy. Une finale compliquée où les Rennais sont menés 2-0, mais réussissent l'exploit de revenir au score pour égaliser et rejouer une seconde finale au Parc des Princes. Rennes s'y impose 3-1 et est sacré champion pour la première fois de son histoire.

Loi antidopage
1er juin 1965. Un texte antidopage connu sous le nom de loi Mazeaud est promulgué. Première loi dans le monde contre les produits dopants, elle constitue une réponse à l'augmentation significative des produits illicites dans le sport de haut niveau.

Gimondi gagne le Tour
14 juillet 1965. Pour cette édition de la Grande Boucle, la France attend la victoire de Raymond Poulidor. Le coureur français est dans la course jusqu'au bout, mais ne peut rien face à la surprise Felice Gimondi. Un jeune coureur italien qui l'emporte finalement pour sa toute première saison cycliste professionnelle.

30 JAN 1965
Plus de 320 000 personnes rendent hommage à l'ancien Premier ministre britannique Winston Churchill lors de ses funérailles.

1 FEV 1965
Inauguration de la base d'aéronautique navale de Landivisiau en Bretagne.

MAR 1965
Présentation de la Renault 16 au Salon de Genève.

1965

Alain Gilles et l'ASVEL
L'ASVEL retrouve les sommets du basket après une période creuse en gagnant la Coupe de France un an après son titre de Champion de France. Ce renouveau, elle le doit à Alain Gilles, qui réalise en 1965 une saison à plus de 16 points par match. Un jeune prometteur qui pose les bases d'une domination de l'ASVEL pendant plusieurs années.

La minijupe
1er mars 1965. Un couturier français du nom d'André Courrèges lance une nouvelle collection. Pour la première fois, les jambes des femmes sont visibles grâce à sa révolutionnaire minijupe. Celle-ci devient rapidement un symbole de liberté pour la cause féminine. La minijupe s'impose comme un essentiel dans la mode et la culture mondiale.

ACTUALITES

Les cheveux longs
Les Beatles les introduisent et les Stones apportent une touche rebelle : les cheveux longs. Les teenagers laissent pousser leurs cheveux. Cette coiffure ne plait pas à l'école, à l'église, au travail et à l'armée où l'on refuse les jeunes aux cheveux longs « non disciplinés ». Si les cheveux sont trop longs, on vous oblige à les faire couper.

Eboulis de Mahavel
6 mai 1965. Un glissement de terrain massif, faisant suite à l'effondrement de la falaise de Mahavel, survient sur l'île de la Réunion. 33 millions de m3 d'éboulis s'accumulent pour former un énorme barrage naturel. Un événement géologique majeur sans conséquence pour les habitants de l'île, mais modifiant à jamais une partie du paysage de la Réunion.

Tunnel du Mont-Blanc
19 juillet 1965. Inauguré par le président français Charles de Gaulle et son homologue italien Giuseppe Saragat, le tunnel du Mont-Blanc ouvre enfin après 19 ans de travaux. Un tunnel de 11,6km culminant à 1 380m de hauteur, ce qui en fait en 1965 le plus long tunnel routier du monde.

5 AVR 1965

Le film *My Fair Lady* d'après la comédie musicale éponyme remporte 8 Oscars dont celui de meilleur film.

10-13 MAI 1965

Les Rolling Stones enregistrent *(I Can't Get No) Satisfaction*.

27 JUN 1965

Le pilote britannique Jim Clark remporte le GP automobile de France sur une Lotus-Climax.

Un nouveau monde
Les années 60 appartiennent à la légende. Ca bouge dans tous les sens. Vaste champ de tensions et d'investigations, cette période oppose conservatisme et démocratisation, culture dominante et contre-cultures alternatives, conformisme et rêves d'évasion. Ces années sont le plus souvent caractérisées par le boom démographique et économique du XXè siècle, l'émergence de la société de consommation et le début de la conquête spatiale. Elles sont aussi le théâtre de profonds conflits idéologiques : la Guerre froide, les guerres de décolonisation, les mouvements des droits civiques et ceux de la libération sexuelle.

VOUS SOUVENEZ-VOUS ?

Cigarettes en chocolat

Trois Prix Nobel français
Octobre 1965. Après un travail révolutionnaire pour la science avec des découvertes importantes sur les enzymes et les virus, Jacques Monod, François Jacob et André Lwyoff reçoivent le prix Nobel de physiologie ou de médecine. C'est la récompense ultime pour ces scientifiques dont les travaux ont permis de développer nos connaissances en biotechnologie, et la compréhension de certains êtres vivants.

La robe Mondrian
6 août 1965. C'est au tour d'Yves Saint Laurent de révolutionner le monde de la mode féminine, avec la sortie de la robe Mondrian. Présentée pour la collection automne-hiver, la robe, inspirée du peintre abstrait néerlandais Piet Mondrian, propose un design unique avec une construction géométrique colorée. Elle fait sensation et remporte un succès immédiat par son originalité et sa simplicité, devenant ainsi une référence dans le monde de la mode.

28 JUL 1965
Les Américains augmentent leurs troupes au Viêt Nam du Sud de 75 000 à 184 000 personnes.

27 AOÛ 1965
Décès de l'architecte et urbaniste français d'origine suisse, Le Corbusier.

9 SEP 1965
Charles de Gaulle annonce le retrait français de l'OTAN au plus tard en 1969.

Un sous-marin dans le filet de pêche !
10 février 1965. Un sous-marin se prend dans les filets d'un bateau de pêche au large de l'île d'Oléron. Alors que le navire chalute à 500 mètres de fond, il s'immobilise brusquement. Heureusement, les câbles finissent par céder, libérant ainsi le chalutier. Le sous-marin file et abandonne le train de pêche.

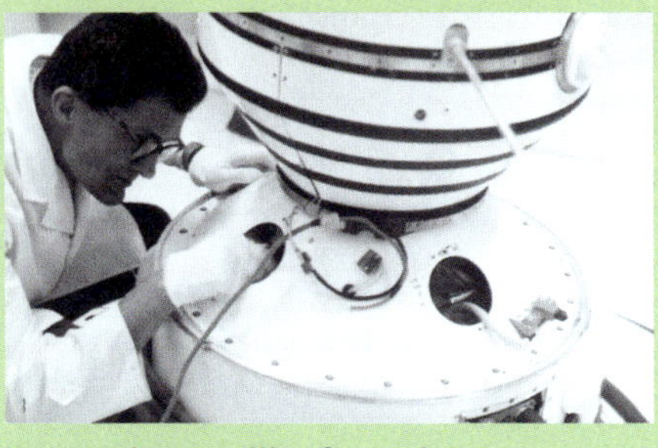

Le premier satellite français
26 novembre 1965. Une date importante pour l'histoire du programme spatial français. C'est ce jour-là que le satellite Asterix est lancé par la fusée Diamant-A depuis le centre interarmées en Algérie. La France devient alors le sixième pays à posséder un satellite en orbite, et le troisième à le faire d'une façon autonome.

POLITIQUE

Emancipation financière des femmes
13 juillet 1965. La loi accroît les droits des femmes au sein du couple : partage équitable des biens en cas de séparation, possibilité de travailler et d'ouvrir un compte bancaire sans l'autorisation de leur mari.

De Gaulle et *Le Canard enchainé*
5 décembre 1965. Lors de l'élection présidentielle de 1965, le Général de Gaulle, convaincu d'être réélu dès le premier tour, ne fait pratiquement pas campagne. Or, le 5 décembre, le premier tour le met en ballotage face à François Mitterrand et un second tour va être nécessaire pour départager les deux hommes. *Le Canard enchaîné* titre alors : « De l'appel du 18 juin… à la pelle du 5 décembre ».

Le Canard enchaîné
Journal satirique paraissant le mercredi

19 OCT 1965
Jean Lecanuet (MRP) se déclare candidat à l'élection présidentielle au nom « du centre, démocrate, social et européen ».

14-18 NOV 1965
La bataille de la Drang oppose les forces américaines à celles du Viêt Cong au Viêt Nam.

13 DÉC 1965
On découvre les cadavres des 3 membres de la famille Perreux, un garagiste mulhousien.

De Gaulle réélu
19 décembre 1965. 2 hommes s'opposent au second tour de l'élection présidentielle : le président sortant Charles de Gaulle et François Mitterrand. Le 19 décembre, le second tour donne le 'grand Charles' vainqueur par 55% des suffrages.

Vatican II
8 décembre 1965. Le Pape Paul VI tire les conclusions du deuxième concile du Vatican. Les messes pourront dorénavant se célébrer dans la langue des pratiquants et plus nécessairement en latin. Et le concile fait preuve d'ouverture envers les autres religions et convictions chrétiennes.
Les cardinaux se prononcent également contre la course à l'armement atomique.

ACTUALITES INTERNATIONALES

Sir Winston casse son cigare
24 janvier 1965. Au vénérable âge de 90 ans, Sir Winston Churchill décède des suites d'un accident vasculaire cérébral. Il restera dans l'histoire comme le Premier ministre ayant dirigé, cigare au bec, la Grande-Bretagne durant la Seconde Guerre mondiale. Son rôle sera décisif dans les événements menant à la libération de l'Europe.

Les Communautés Européennes
8 avril 1965. Les représentants de la Communauté Européenne du Charbon et de l'Acier (CECA), de la Communauté Economique Européenne (CEE) et de la Communauté Européenne pour l'Energie Atomique (Euratom) signent un traité qui les réunit sous le nom de Communautés Européennes. Du même coup, ils créent une Commission Européenne, un Conseil des ministres et un budget. C'est évidemment un premier pas vers la future Union Européenne.

Première sortie dans l'espace
Un cosmonaute soviétique, un certain Alexeï Leonov devient le premier piéton de l'espace en se baladant, non sans mal, pendant 12 minutes le long de son vaisseau spatial *Vostok 2.* Il en gardera un souvenir impérissable, ne pouvant à peine y croire. Il n'arrive toutefois pas à photographier son escapade. Son retour dans l'engin sera difficile car, gêné par sa combinaison spatiale qui s'est considérablement gonflée, il rentre dans l'engin la tête la première contrairement au programme prévu. Il réussit à se retourner pour reprendre sa place sur son siège et fermer hermétiquement le hublot de la capsule. Le voyage se terminera bien.

Le son compressé
Un Britannique, Ray Dolby, développe un système permettant de réduire le bruit de fond des enregistrements par un effet de compression et de décompression, et c'est au cours de cette deuxième phase que les bruits sont atténués. L'homme vend ensuite son invention à différentes maisons de disques et le Dolby entre dans le domaine public en 1968.

1965

DIVERTISSEMENT

Le Corniaud
Réalisé par Gérard Oury, *Le Corniaud* met en scène un honnête professeur de musique (Bourvil) mêlé à un trafic de drogue piloté par un escroc (Louis de Funès). Une comédie qui connaît vite un immense succès, devenant le film le plus populaire en France en 1965. Un film culte, par son humour burlesque et hilarant, avec des répliques et expressions devenues cultes.

La fin de Laurel et Hardy
23 février 1965. Le monde apprend la mort de Stan Laurel, second représentant de l'iconique duo Laurel et Hardy. Après une carrière de près 25 ans, et plus de 100 films ensemble, ils ont été parmi les rares comédiens à acquérir une immense notoriété dans le monde du cinéma muet, et à rester en haut de l'affiche après l'arrivée du cinéma parlant.

Pierrot le Fou
Film franco-Italien écrit par Jean-Luc Godard, *Pierrot le Fou* est une comédie dramatique mettant en scène un bourgeois malheureux (Jean-Paul Belmondo) qui fuit son mode de vie pour entamer un road trip entre Paris et la mer Méditerranée, en compagnie d'une jeune femme (Anna Karina) et avec une bande de tueurs à gages à leurs trousses.

Mireille Mathieu
21 novembre 1965. La France découvre Mireille Mathieu pour sa première à la télévision, dans l'émission *Le Jeu de la Chance* diffusée sur l'ORTF. Présentée par Roger Lanzac, son objectif est de mettre en avant de nouveaux talents jugés à l'applaudimètre. Alors âgée de 19 ans, Mireille Mathieu interprète *Jezebel* d'Edith Piaf. Une prestation marquante qui subjugue le public et marque le début d'une longue carrière pour la chanteuse.

VOUS SOUVENEZ-VOUS ?

Aspirateur

Le gendarme à New York
29 octobre 1965. Après l'énorme succès du *Gendarme à Saint-Tropez*, le deuxième opus de la série, toujours réalisé par Jean Girault, se déroule cette fois à New York. L'histoire suit la gendarmerie de Saint-Tropez qui est envoyée à New York pour un congrès international de gendarmerie.

La mélodie du bonheur
Le film musical américain, *The Sound of Music*, réalisé par Robert Wise est adapté de la comédie musicale éponyme de Rodgers et Hammerstein. Julie Andrews joue le rôle de la gouvernante Maria dans la famille du sévère capitaine Georg Ritter Von Trapp (Christopher Plummer). Au début les sept enfants Von Trapp n'aiment pas Maria mais elle les séduit avec des chansons telles que *My Favourite Things, Do-Re-Mi, Sixteen going on seventeen, So long, farewell, Edelweiss,* et *Climb ev'ry mountain*. Le film est devenu un classique. En 1966, il remporte cinq Oscars dont ceux du meilleur film, meilleur réalisateur et meilleure adaptation musicale.

Achille Talon
Imaginé et écrit par Greg en 1963, le premier album d'Achille Talon intitulé *Les Idées d'Achille Talon, cerveau-choc !* sort en 1965. Achille est un antihéros grincheux, râleur et misanthrope, que l'on suit à travers ses aventures, explorant les tenants et les aboutissants de la société française. Une BD satirique et humoristique avec des dialogues subtils et recherchés, s'imposant rapidement comme un pilier du genre.

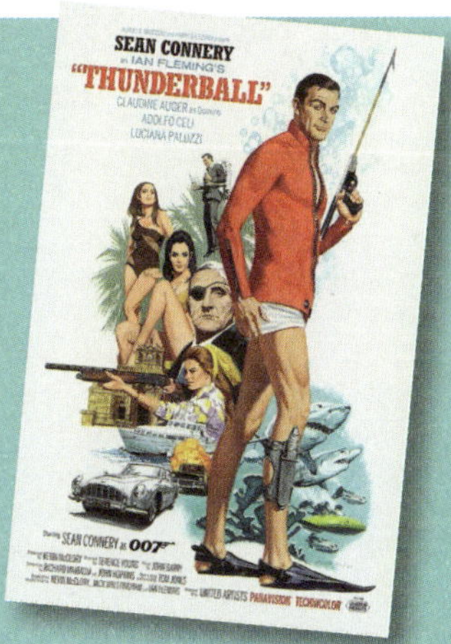

Opération tonnerre
17 décembre 1965. Sortie en France du quatrième opus de la série James Bond *Opération tonnerre*, réalisé par Terence Young. L'agent secret, interprété par Sean Connery, se retrouve en mission pour tenter de récupérer deux bombes atomiques dérobées par le SPECTRE. Icône d'une génération, ce film est considéré comme l'un des meilleurs James Bond, salué par la critique et par les fans.

Le fantôme du Louvre
6-26 mars 1965. Les téléspectateurs découvrent sur l'ORTF *Belphégor ou le fantôme du Louvre*, un mini feuilleton en quatre épisodes aux allures de thriller fantastique. La série connaît un immense succès avec 10 millions de téléspectateurs, soit presque la moitié des Français possédant une télévision à l'époque !

1965

Dune
C'est en 1965 que sort le premier roman du cycle *Dune*, écrit par Frank Herbert. Il raconte l'histoire de plusieurs maisons qui s'affrontent pour le contrôle d'une planète, afin d'y récupérer ses précieuses ressources. Un roman de science-fiction rapidement récompensé par plusieurs prix et qui devient le livre de SF le plus vendu au monde.

Michel Simon, le retour
29 novembre 1965. C'est le grand retour sur les planches de Michel Simon, que les Français n'ont pas vu depuis des années. Il apparait dans la pièce de Obaldia *Du vent dans les branches de sassafras.* Trois souffleurs ont été prévu. Quand il ne sait plus le texte, il prend son révolver et tire en l'air ! Mais son énorme présence supplée au rétrécissement du texte. Dès la première, le 29 novembre au théâtre Gramont, c'est un triomphe.

Jeux sans frontières
Un jeu télévisé créé en 1965 par Guy Lux et Claude Savarit, diffusé par les chaînes de 20 pays européens dont la télévision publique française. Il est conçu à l'initiative du président Charles de Gaulle comme un *Intervilles* à l'échelle de l'Europe. Claude Savarit, son présentateur, fait savoir au Général qu'à son avis des jeux pacifiques opposant des représentants des 2 nations seraient une bonne chose pour la réconciliation franco-allemande.

MUSIQUE

Je vous parle d'un temps...
Charles Aznavour connaît un nouveau succès mondial avec son titre *La Bohème.* L'artiste y raconte les souvenirs nostalgiques de la vie de bohème d'un jeune artiste peintre du quartier parisien de Montmartre. Cette chanson est prévue à l'origine pour être chantée par Georges Guétary dans l'opérette *Monsieur Carnaval* de Charles Aznavour, avec un livret de Frédéric Dard.

***Aline* et Christophe**
Aline est une chanson écrite, composée et interprétée par Christophe. Elle connaît un important succès, devient le slow de l'été, se classant en tête des ventes en France. Selon Christophe, la chanson est née lors d'un déjeuner chez sa grand-mère. Il l'a composée sur sa guitare en un quart d'heure. Le prénom Aline comme titre n'est pas venu immédiatement. Dans une interview donnée au magazine *Lui*, l'auteur précise qu'il s'agissait d'Aline Natanovitch, assistante dentaire boulevard du Montparnasse à Paris. Une dent cariée, ce qui a amené Christophe à crier *Aline*. Vrai ou faux ?

J'aime les sucettes
20 mars 1965. France Gall remporte le Concours de l'Eurovision à Naples avec la chanson *Poupée de cire, poupée de son.* Elle a 17 ans et représente le Luxembourg. La chanson a été écrite par Serge Gainsbourg. Ce duo gagnant s'arrête brutalement un an plus tard avec *Les sucettes,* une chanson à double sens. France Gall pense qu'il s'agit d'une jeune fille qui aime les sucettes. Mais Gainsbourg révèle qu'il s'agit de sexe oral. Gall se sent manipulée. La collaboration s'arrête là.

La montagne, ça vous gagne !
Nous sommes en 1965 lorsque Jean Ferrat sort *La montagne* chez Barclay. Depuis son premier succès avec *Ma Môme*, l'artiste enchaîne les galas et les tours de chant. Dans le tumulte d'une carrière débutante, l'artiste a besoin de repos. Un ami lui propose de venir se reposer en Ardèche. C'est un véritable coup de foudre entre le village d'Antraigues et Jean Ferrat. Pourtant, derrière la beauté des paysages décrits dans *La montagne*, Jean Ferrat souhaite avant tout écrire une chanson 'politique'. En effet, l'artiste décrit un phénomène tristement répandu dans les années 60 : l'exode rural.

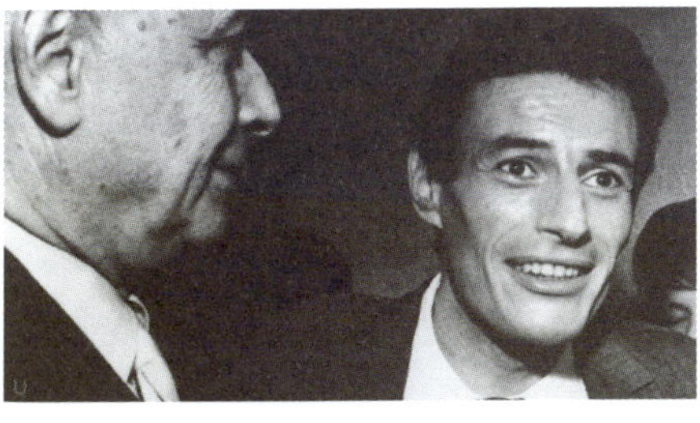

Johnny et Sylvie
12 avril 1965. Johnny Hallyday (22 ans) et Sylvie Vartan (20 ans) se marient à Loconville, devenant ainsi officiellement le couple le plus populaire du moment. Johnny effectue son service militaire dans la marine mais obtient une permission spéciale. Les deux jeunes gens ont été présentés quatre ans plus tôt à l'Olympia par Eddie Vartan, frère de Sylvie et chef d'orchestre. Leur mariage durera 15 ans. Hallyday se remariera encore 4 fois. Vartan, elle, se remariera avec le producteur américain Tony Scotti en 1984.

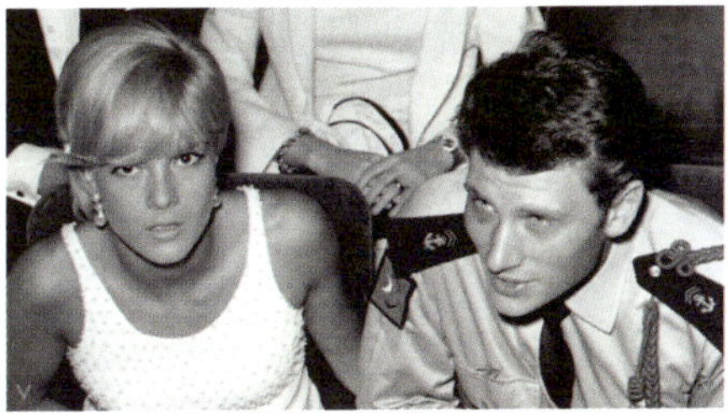

Capri, c'est fini
Hervé Vilard veut écrire ses propres chansons. Il est intrigué par la chanson *C'est fini* (1964) de Charles Aznavour, dans laquelle le chanteur répète inlassablement la phrase « c'est fini ». Au début, il ne sait pas trop quelle direction prendre. Jusqu'à ce qu'il voie une affiche dans le métro avec la légende « Partez en vacances à Capri ». Bingo ! En sept minutes, il trouve les paroles et la mélodie de *Capri, c'est fini* le tube de l'été 1965.

Like a Rolling Stone

20 juillet 1965. Bob Dylan abandonne son image de chanteur 'folk' pour devenir ambassadeur du mouvement des droits civiques. Il envisage même d'arrêter la musique. Quand il reprend sa carrière, il se lance dans le rock et ses textes sont moins politiques. Le résultat ? La chanson *Like a Rolling Stone* sur l'album *Highway 61 Revisited*. Dylan évoque la vie d'une idole qui quitte la haute société pour la vie de la rue et qui tombe dans la pauvreté et la solitude. Une chanson sombre, poétique et dramatique qui devient l'hymne d'une génération désabusée.

MES 18 PREMIÈRES ANNÉES

TOP 10 1965

1. **Charles Aznavour** *La bohème*
2. **The Beatles** *Yesterday*
3. **Christophe** *Aline*
4. **Petula Clark** *Downtown*
5. **Jean Ferrat** *La montagne*
6. **France Gall** *Poupée de cire, poupée de son*
7. **Hervé Vilard** *Capri c'est fini*
8. **The Rolling Stones** *(I Can't Get No) Satisfaction*
9. **Sonny & Cher** *I Got You Babe*
10. **The Who** *My Generation*

Open | **Search** | **Scan**

Bip Bip

Le troisième EP de Joe Dassin, *Bip bip*, devient son premier succès d'estime. C'est l'adaptation d'un titre chanté en portugais par le Brésilien Roberto Carlos, *O Calhambeque*. Pour la première fois Joe Dassin fait son apparition dans les hit-parades. Au total, il vendra près de 25 millions de disques dans le monde.

Soul Brother

Le chanteur américain James Brown rencontre un vif succès avec sa chanson *Papa's Got a Brand New Bag*. Un an plus tard le Godfather of Soul surprend avec le tube *It's a Man's, Man's, Man's World et Get Up (I Feel Like Being a) Sex Machine,* qui le rend immortel en 1970.

Folk français

En France, c'est le producteur Lionel Rocheman qui, en 1964, est le créateur et animateur pendant près de 12 ans de cette expérience singulière dans le domaine de la chanson, le *Hootenanny*, qui permet à tous les artistes amateurs de se produire le soir même à l'American Center. Des noms d'artistes à retenir : Alan Stivell, Claude Lemesle, Hervé Christiani, Julos Beaucarne ou encore Pierre Dac qui lancent le movement folk en France.

SPORT

La déesse de Monte-Carlo
14 janvier 1966. Victoire insolite d'une DS21 Citroën au Rallye de Monte-Carlo, une voiture de Monsieur tout le monde qui gagne un rallye, étonnant non ?

Double virage dans le Tour !
14 juillet 1966. En effet, c'est le premier Tour de France avec des contrôles antidopage. C'est aussi l'abandon de Jacques Anquetil, vainqueur de 5 Tour de France, malgré 3 beaux succès en classique cette année-là : Paris-Nice, Grand Prix des Nations et Liège-Bastogne-Liège. Lucien Aimar gagne le Tour, Raymond Poulidor finit troisième.

Maître de jeu au Mans
19 juin 1966. C'est la révolution en 1966, Ford avec sa toute nouvelle Ford GT40 rafle les 3 premières places aux 24 heures du Mans après six années de règne de Ferrari. Le film *Le Mans 66* sorti en 2019 relate magnifiquement cette passe d'armes.

Ski de France
5-14 août 1966. Championnat du monde de ski alpin au Chili, la France explose son compteur de médailles : 16 au total sur 24 possible, dont 7 en or, un exploit jamais égalé ! Avec ces 7 titres sur 8, la France est sur le toit du monde : Jean-Claude Killy (2), Guy Perillat (2), Léo Lacroix (2), Georges Mauduit (1), Louis Jauffret (1), Marielle Goitschel (4), Annie Famose (3), Florence Steurer (1).

29 JAN 1966
Le 'Compromis de Luxembourg' réintroduit le vote à l'unanimité dans les instances européennes.

1 FEV 1966
Le décès de Buster Keaton, acteur, scénariste, réalisateur et symbole du film muet.

12 MAR 1966
François Mitterrand propose la création d'un contre-gouvernement en France afin de surveiller le gouvernement.

1966

Coupe du monde à l'anglaise
30 juillet 1966. Le ballon frappé par Hurst touche le dessous de la barre transversale puis retombe « plus ou moins » sur la ligne, ou derrière ? L'arbitre valide le but et l'Angleterre s'impose finalement 4-2 face à l'Allemagne de l'Ouest. Anecdote : le trophée de la coupe du monde 'Jules-Rimet' est volée quelques mois avant le début de la compétition, mais un petit chien du nom de 'Pickles' déterre et retrouve le précieux trophée ! Il convient de noter en outre la présence pour la première fois d'une mascotte : 'Le Lion Willy'.

Le plus grand
Année difficile pour Muhamed Ali : son premier mariage bat de l'aile et il doit monter à 5 reprises sur le ring pour défendre son titre mondial... avec succès: le Canadien George Chuvalo en fera les frais, tout comme les Européens Henry Cooper, Brian London et Karl Mildenberger. Il est au sommet de sa gloire et en profite encore. Il rentre en Amérique pour battre Cleveland Williams. Les choses se compliqueront ensuite lorsqu'il refusera de rejoindre l'armée. Affaire à suivre...

Wimbledon
Billie Jean King remporte son premier tournoi de tennis de Wimbledon. Elle gagnera ensuite les simples en 1967, 1968, 1972, 1973 en 1975 et remportera encore 14 victoires en double ou double mixte.

ACTUALITES

Crash au Mont Blanc
24 janvier 1966. Erreur de pilotage ou collision du Boeing 707 avec un avion militaire italien ? Un accident similaire a eu lieu au même endroit en 1950.

12 AVR 1966
Les B-52 américains commencent à bombarder le Viêt Nam du Nord.

28 MAI 1966
Fidel Castro proclame la loi martiale à Cuba pour prévenir une éventuelle attaque des Etats-Unis.

JUN 1966
La France se retire officiellement de l'OTAN.

Explosion à Feyzin
4 janvier 1966. On considère l'accident dans la raffinerie comme la première catastrophe industrielle moderne. Le bilan est lourd avec 18 morts dont 11 pompiers et 84 blessés. C'est la conséquence d'un enchaînement de défaillance. Le plan ORSEC est déclenché pour protéger les populations.

Bal des Quat'z'Arts
14 juin 1966. Cette fête parisienne qui existait depuis 1892 s'arrête. Elle était organisée par les étudiants de l'Ecole nationale des beaux-arts. A travers des déguisements, parfois des débordements un peu 'chauds', c'était une procession carnavalesque.

Essais nucléaires à Mururoa
2 juillet 1966. Après le Sahara, c'est la Polynésie française qui devient le terrain des essais nucléaires français. Au total, 197 essais nucléaires (terrestres, maritimes) y auront lieu jusqu'au 29 janvier 1996.

Accord franco-russe
30 juin 1966. Après le voyage de dix jours de Charles de Gaulle, la France et l'Union Soviétique s'accordent sur une politique de détente, d'entente et de coopération, particulièrement sur le plan scientifique et sur l'espace. Une commission est constituée à cet effet : la 'Grande Commission'.

'Hot' couture
Le couturier Yves Saint Laurent donne le ton, tant dans le monde de la haute couture que dans la rue. Après sa jupe trapèze, c'est à présent la jupe Mondriaen et le 'smoking pour dames' qui font fureur; ils seront suivis par la jupe-pantalon en 1967. Autres symboles de ces années-là : le panty et le maillot. Les femmes portent haut leurs cheveux, utilisent volontiers la laque et se parent parfois des perruques. Les robes raccourcissent et se collent de plus en plus au corps.

VOUS SOUVENEZ-VOUS ?

Gauloises

14 JUL 1966
Brigitte Bardot se marie pour la troisième fois, avec Gunter Sachs. Elle se mariera une quatrième fois en 1992 avec Bernard d'Ormale.

29 AOÛ 1966
Les Beatles décident d'arrêter les concerts publics et en plein air à San Francisco après une tournée épuisante.

24 SEP 1966
Le guitariste américain Jimi Hendrix arrive à Londres, le début d'une carrière internationale fulgurante.

POLITIQUE

'Kennedy français'
2 février 1966. Jean Lecanuet, surnommé le 'Kennedy français', crée le Centre Démocrate. Il cumulera de nombreux postes politiques par la suite, mais c'est aux commandes de la mairie de Rouen qu'il se fera connaître par des innovations urbaines en avance sur son temps.

Le tour du monde du Général
25 août- 12 septembre 1966. Vaste programme pour ce voyage de De Gaulle. On retiendra un début difficile avec la demande d'indépendance de Djibouti puis surtout le discours du 1er septembre devant 100 000 personnes à Phnom Penh, capitale du Cambodge, pour dénoncer l'attitude américaine au Viêt-Nam. Enfin le voyage se termine le 11 septembre par une démonstration d'explosion atomique en Polynésie française.

Cavalier seul
7 mars 1966. Le Général de Gaulle, président de la République, informe son homologue américain que la France se retire de l'OTAN, pour disposer de sa souveraineté. En conséquence, il demande le départ des forces américaines et canadiennes du sol français.

ACTUALITES INTERNATIONALES

Le monde rétrécit
A l'heure où les échanges internationaux se renforcent, les communications téléphoniques deviennent de meilleure qualité, les voyages en avion accessibles à un public plus nombreux. Le monde rétrécit. Pas étonnant dès lors que les événements agitant l'Asie parviennent jusqu'aux oreilles du monde occidental. C'est le moment où la guerre du Viêt Nam s'intensifie et où la Révolution culturelle de Mao Zedong fait des millions de morts en Chine.

17 OCT 1966
Décès de Jean-Pierre Peugeot, président de la société d'automobiles Peugeot.

26 NOV 1966
Inauguration de l'usine marémotrice de la Rance, qui tire son énergie de la force de la marée.

8 DÉC 1966
17 millions de spectateurs regardent *La Grande Vadrouille*, une comédie sur l'Occupation, avec Louis De Funès et Bourvil.

Empereur Bokassa
1er janvier 1966. Le colonel Jean-Bedel Bokassa se livre à un coup d'état en République Centrafricaine et se proclame président. La corruption s'installe, Bokassa élimine ses opposants et c'est une oligarchie qui gravite désormais autour du président qui cherche à s'enrichir. Poursuivant sur sa lancée, le président se fait proclamer Empereur Bokassa Ier. Pendant son règne, il est à l'origine de l'affaire des 'diamants de Bokassa', offerts à Valery Gicard d'Estaing, alors ministre des Finances français.

Interdire les 'livres interdits'
Le pape Paul VI supprime l'index, une liste de livres 'interdits' à la lecture aux catholiques par Rome. Cet index, qui date du XVIe siècle, a longtemps joué un rôle important. Au moment de sa suppression, l'index contient plus de 6 000 titres.

VOUS SOUVENEZ-VOUS ?

Service à fondue

Révolution culturelle
16 mai 1966. Pour renforcer le pouvoir, Mao Zedong s'appuie sur la jeunesse. Dès lors, écoliers, étudiants et Gardes Rouges sont chargé de « purifier » le pays en bannissant toute forme de bourgeoisie.

Les Swinging Sixties
Londres devient le 'Swinging London' et Carnaby Street un centre mondial de la mode. Le mannequin Twiggy et sa mini-jupe sont bientôt élévés au rang d'icône. Le court fait d'ailleurs fureur, à l'instar de cette mini-jupe. Une création détonne, oeuvre de la styliste britannique Mary Quant, qui décide de raccourcir les jupes au-dessus des genoux. Cette nouveauté vestimentaire offre plus de mobilité aux femmes, libérées des lourdeurs des jupes longues, et met davantage leurs jambes en valeur.

DIVERTISSEMENT

L'Age heureux
12 février 1966. Tiré du roman *Côté jardin, Mémoires d'un rat*, cette série en noir et blanc raconte le parcours de Delphine (Delphine Desyeux), 12 ans, petits rats à l'Opéra de Paris, avec ce que cela engendre de fierté mais aussi de souffrance et de rivalité entre certaines jeunes filles.

Pour une poignée de dollars
16 mars 1966. C'est le western 'spaghetti' dans toute sa splendeur, réalisé par Sergio Leone, avec la musique d'Ennio Morricone. C'est l'apparition de l'impassible Clint Eastwood en défenseur des opprimés, du bien et préférant par-dessus tout, la justice. Dans le même esprit, le film a une suite avec *Et pour quelques dollars de plus*, reprend Clint Eastwood, Lee Van Cleef et Gian Maria Volonté.

Un homme et une femme
20 mai 1966. Le film *Un homme et une femme* réalisé par Claude Lelouch avec Anouk Aimée et Jean-Louis-Trintignant remporte la palme d'or. Tout le monde se souvient de la musique de Francis Lai, de la Mustang blanche et des deux acteurs s'enlaçant et tournoyant sur la plage.

Au théâtre ce soir
9 juillet 1966. C'est la première diffusion d'une émission qui deviendra culte : *Au théâtre ce soir*. Le principe, une pièce de théâtre enregistrée dans un théâtre parisien pour la télévision, avec à la fin les acteurs et les décors de Roger Harth et les costumes de Donald Cardwell.

Daktari
Cette série télévisée à succès a pour cadre l'Afrique de l'Est. Elle met en scène le vétérinaire, le Dr. Marsh Tracy, sa fille Paula et son équipe, qui évoluent au sein du parc naturel Wameru Study Center, dédié au bien-être animal. Daktari signifie Docteur en Swahili. La série fait suite à la sortie du film *Clarence, le lion qui louchait*.

1966

Ma sorcière bien-aimée
17 juillet 1966. Série américaine au générique pétillant, qui a fait les beaux jours de la télévision française, avec Samantha, Jean-Pierre, le mari et le gendre un peu niais, leur fille Tabatha, et la belle-mère virulente Endora. Toutes ces femmes sont 'sorcières' et seul le pauvre Jean-Pierre ne l'est pas !

Alfa Romeo Spider
Un roadster italien iconique, fabriqué jusqu'en 1993. Le design de la voiture est vraiment réussi, preuve à l'appui avec cette longévité et environ 125 000 exemplaires fabriqués ! Le célèbre carrossier Pininfarina est passé par là, bien sûr.

Kiri le clown
13 octobre 1966. Cette série d'animation française revêt un caractère poétique et nostalgique avec ses décors en papier et carton, et avec la voix particulière de Guy Piérauld. Une déambulation pittoresque dans le milieu du cirque.

Les Globe-Trotters
16 octobre 1966. C'est l'aventure de deux journalistes qui parcourent le monde avec leurs seules économies : Pierre le Français joué par Yves Rénier et Bob l'Américain, joué par Edward Meeks.

Flipper le dauphin
13 novembre 1966. Série jeunesse avec comme héros, Flipper, un dauphin qui résout des problèmes sous la houlette du papa Porter Ricks, responsable d'un parc aquatique et de ses fils Sandy et Bud.

Le docteur Jivago
7 décembre 1966. Le film tiré de l'œuvre de Boris Pasternak, réalisé par David Lean réunit Omar Sharif (le docteur Yuri Jivago), Julie Christie (Lara), Géraldine Chaplin et Alec Guinness. C'est l'histoire d'une romance avec un poète russe déjà marié qui tombe amoureux de la femme d'un activiste avec en toile de fond la révolution russe. Les décors et la musique de Maurice Jarre apportent un air de mélancolie très slave.

En vadrouille
8 décembre 1966. Réalisé par Gérard Oury, avec Bourvil et Louis de Funès, le film *La Grande Vadrouille* va réaliser un carton de 1966 à 1975 ! Ce film va rester pendant plus de 30 ans, le film le plus vu au cinéma avec plus de 17 millions de spectateurs. Il faudra attendre 40 ans pour qu'un film français le dépasse, *Bienvenue chez les Ch'tis* en 2008.

1966

Le Grand Restaurant

7 septembre 1966. C'est la grande époque Louis de Funès ! Le film est à revoir pour quelques scènes d'anthologie avec Louis de Funès en Monsieur Septime, patron autoritaire et scrupuleux d'un restaurant prestigieux. La séquence où il explique une recette à des clients allemands avec une ombre lui faisant une moustache façon Hitler est vraiment excellente.

Le père du dessin animé

15 décembre 1966. Personne n'a probablement autant influencé le dessin animé que Walt Disney. Soutenu par son entreprise The Walt Disney Company, il a rendu mondialement célèbres Mickey Mouse et Donald Duck… parmi d'autres et réalisé des dizaines de productions restées dans toutes les mémoires. On peut citer *Blanche Neige*, *Pinocchio*, Dumbo, *Bambi*, *Cendrillon* ou encore *Mary Poppins* et les *101 Dalmatiens*. Tout cela donnera naissance à des parcs d'attraction en Californie, en Floride et ailleurs dans le monde. Walt Disney décède le 15 décembre d'un cancer pendant les prises de vues du *Livre de la Jungle*.

MUSIQUE

Antoine

Le jeune chanteur hippie Antoine connaît un immense succès avec son premier single *Les élucubrations d'Antoine*. Il y chante que Johnny Hallyday est un homme du passé qui devrait être enfermé dans une cage au cirque. Hallyday lui répond avec *Cheveux longs et idées courtes*, dans lequel il s'en prend ouvertement à Antoine et à ses amis hippies. Il reprend la mélodie et l'atmosphère de *My crucified Jesus*, une chanson de Ferre Grignard, un chanteur hippie belge.

Les jolies colonies de vacances

La chanson écrite et interprétée par Pierre Perret crée un mini-séisme avec ses paroles qui déplaisent à Madame Yvonne de Gaulle, la femme du président de la République. Il s'en suivra une censure de 6 mois à la télévision et un appel de celle-ci pour tenter d'arrêter sa diffusion sur France-Inter.

David Hallyday
14 août 1966. A Boulogne-Billancourt, naît David Smet. Il est le premier enfant du couple royal de la variété française : Jean-Philippe Smet (alias Johnny Hallyday) et Sylvie Vartan. L'heureux papa est sur scène à Milan au moment de la naissance. Il monte et descend rapidement à Paris un jour plus tard, car il est attendu au Lido de Venise le 14 août au soir. Carlo, un ami de la maison, veille sur Vartan et cela est nécessaire. En effet, l'heureux événement déclenche une course aux paparazzis. Tout le monde veut la première photo du nouveau-né. Certains reporters se donnent beaucoup de mal pour y parvenir. Ils se déguisent en médecins ou tentent de se glisser dans l'hôpital par une fenêtre.

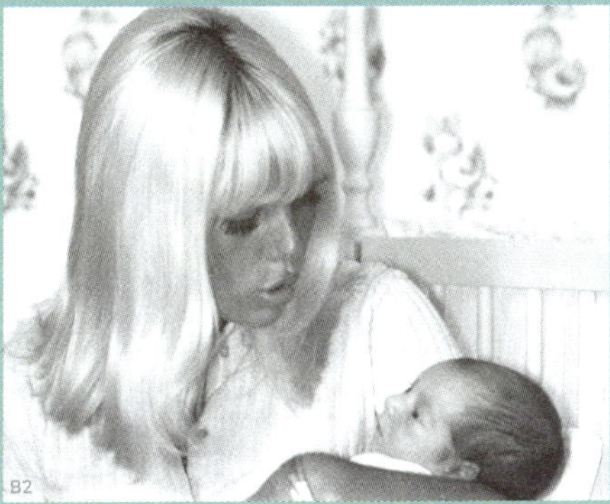

Les adieux de Brel
6 octobre 1966. Bien qu'il soit belge, Jacques Brel fait partie intégrante de la culture française. Lorsqu'il annonce en 1966 son retrait de la scène, sa popularité est telle qu'un seul spectacle d'adieu ne suffit pas. Pendant plus de 8 mois, il parcourt les régions francophones. Il commence par un mois à l'Olympia à Paris. Les concerts des 28 et 29 octobre sont filmés et publiés plus tard sous le titre *Les adieux à l'Olympia*. Suivent un seul concert à Bruxelles et une tournée au Maroc. En 1967, Brel effectue une tournée d'un mois au Québec, suivie d'un véritable concert d'adieu à Roubaix.

Nino Ferrer
Le chanteur, compositeur et musicien français connaît un beau succès à partir de 1966 et avec ses chansons originales et un style unique, mêlant le rock, le jazz, le blues et la musique latine. Parmi ces chansons les plus célèbres : *Mirza*, *Le Téléfon*, *Oh ! Hé ! Hein ! Bon !*, *Les cornichons*. Plus poétique : *La maison près de la fontaine* et bien sûr, *Le sud*.

Photo du siècle
12 avril 1966. Sur la photo prise par Jean-Marie Périer, le fils caché d'Henri Salvador, on trouve 46 chanteurs et chanteuses qui vont quasiment tous devenir des vedettes dans les années suivantes et pour de longues années pour certains.

Fin des concerts des Beatles
29 août 1966. Les Beatles décident d'arrêter les concerts publics et en plein air le 29 août à San Francisco après une tournée épuisante, dangereuse, lancées de pétards contre eux, etc. ...

1966

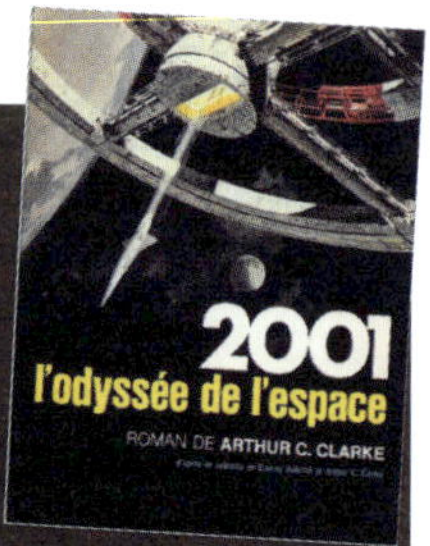

Jones devient Bowie
Le jeune chanteur anglais David Jones (19 ans) choisit le nom d'artiste David Bowie parce que le chanteur des Monkees a le même nom que lui. En 1969 la chanson *Space Oddity* inspirée par le film *L'Odyssée de l'Espace* et l'alunissage, sera son premier succès.

Juliette Gréco et Michel Piccoli
12 décembre 1966. Un mariage insolite avec ses deux tourtereaux : Juliette, la chanteuse et actrice et Michel l'acteur phare des années 60 et 70. Leur union durera 11 ans.

E2

Une vraie star
Françoise Hardy chante en français, anglais et allemand. Reconnaissant en elle l'un des personnages qu'il a en tête pour son futur film, le metteur en scène John Frankenheimer l'engage pour jouer le rôle de Lisa dans le film *Grand Prix*, une production sur les courses automobiles. Elle est présente sur pratiquement tous les circuits de Formule 1. Pour la première projection publique du film, elle se rend à New York avec Yves Montand alias le pilote Jean-Pierre Sarti. À cette occasion, la Warner diffuse ses disques sur le marché américain. Françoise Hardy participe à quelques shows télévisés et fait l'objet de reportages dans les magazines.

MES 18 PREMIÈRES ANNÉES
TOP 10 1966

1. **Antoine** *Les élucubrations d'Antoine*
2. **The Beach Boys** *Good Vibrations*
3. **Tom Jones** *Green Green Grass of Home*
4. **The Mamas & Papas** *California Dreamin'*
5. **Mireille Mathieu** *Mon Crédo*
6. **Michel Polnareff** *La poupée qui fait non*
7. **Sheila, Andy Lyden** *Le folklore américain*
8. **Percy Sledge** *When a Man Loves a Woman*
9. **Ike & Tina Turner** *River Deep Mountain High*
10. **John William** *La chanson de Lara*

Open | **Search** | **Scan**

Entre deux mondes
Le chanteur, compositeur et musicien Enrico Macias est né à Constantine en Algérie. Il a grandi avec la musique judéo-arabe. A son arrivée en France, il se lance dans des chansons de variétés orientalistes, inspirées par la musique arabo-andalouse : *Adieu mon pays* et *Les filles de mon pays*. Son professeur est alors Raymond Leyris, maître du malouf constantinois, en filiation directe avec la musique arabo-andalouse.

D2

SPORT

Killy mène le ski
26 mars 1967. Lors de la Coupe du monde, Jean-Claude Killy remporte le classement général de ski alpin d'une manière écrasante. Etalée sur 3 mois, sur 17 épreuves, Killy en remporte 12. On compte par ailleurs 4 Français parmi les 5 premiers chez les hommes et de même pour les femmes. Marielle Goitschel échoue de 4 petits points au classement général pour être première, place prise par l'Américaine Nancy Greene.

Championnat de France de football
11 juin 1967. L'AS Saint-Etienne remporte le championnat de France devant Nantes, avec un magnifique parcours du buteur Hervé Revelli, auteur d'un total de 31 buts pour 34 matchs disputés.

Le Tour de Pingeon
23 juillet 1967. C'est son tour ! Un coureur cycliste français peu connu, Roger Pingeon, remporte la Grande Boucle, avec 3'40'' d'avance sur l'Espagnol Julio Jimenez et 7'23'' sur l'Italien Franco Balmamion. Il a bâti sa victoire à l'occasion d'une échappée en solitaire, au cours de l'étape Roubaix-Jambes ; il y relègue les favoris à 6 minutes.

Un jour noir pour le Tour
13 juillet 1967. Le Britannique Tom Simpson caracole en tête de cette terrible étape du Tour de France, disputée sous un soleil de plomb, sur les pentes de l'austère Mont Ventoux. A quelques tours de roue de l'arrivée, il titube soudain, et s'écroule. Il décède dans l'hélicoptère qui l'emporte vers l'hôpital. Dans sa musette, on retrouve des ampoules brisées, qui ont contenu des amphétamines. La statue de Simpson, à l'endroit où il s'est effondré, constitue un lieu de pèlerinage pour cyclotouristes.

27 JAN 1967
Suicide de Luigi Tenco, amant de la chanteuse Dalida, après son échec au festival de San Remo.

28 FEV 1967
Première diffusion de l'émission de divertissement *Les Grands Enfants*.

5-12 MAR 1967
Victoire serrée de la droite et progrès de la gauche dans les élections législatives.

1967

ACTUALITES

Marée noire en Bretagne
18 mars 1967. Le naufrage du pétrolier Torrey Canyon provoque la première marée noire en Bretagne. En tout, ce sera plus de 120 000 tonnes déversées dans la mer. C'est une première prise de conscience de risque majeur de pollution.

Redoutable
29 mars 1967. Le lancement du sous-marin Redoutable est une avancée significative dans l'arsenal de dissuasion nucléaire français : il a la capacité de lancer des missiles. Il sera le premier d'une famille de six navires de type SNLE: Sous-marin Nucléaire Lanceur d'Engins.

Le son des sixties
Johnny Hallyday introduit le rock en France. Richard Anthony incarne le yéyé et devient une star en France. Claude François marque les sixties avec *Belles, belles, belles* et *Comme d'habitude*. Sheila, la reine du yéyé, est la belle fille idéale. Dalida embrasse la modernité avec *Le temps des fleurs* et *Itsy bitsy petit bikini*.

Naissance de ELF
27 avril 1967. ELF Aquitaine de son nom complet est le résultat de fusion de nombreux acteurs pétroliers français. Le nom est proposé par l'ordinateur du groupe !

Le Capitole s'envole
28 mai 1967. C'est le premier train français roulant à 200 km/heure. Il dessert la ligne Paris-Toulouse dans un très grand confort au niveau de la première classe. C'est un moyen de faire briller le réseau ferroviaire français.

Marché de l'emploi
13 juillet 1967. Date très importante que la création de l'Agence Nationale pour l'Emploi (ANPE), une agence pour faciliter la gestion de l'offre et la demande en termes d'emplois.

Séisme d'Arette
13 août 1967. De magnitude 5,5 sur l'échelle de Richter, le tremblement de terre ne fera qu'une victime, une vieille dame de 80 ans, mais détruira une bonne partie du village. Toutefois en étant le deuxième plus important du XXème siècle en France, il montre que notre hexagone peut être aussi soumis aux caprices de la nature.

15 AVR 1967
La France remporte le Tournoi de rugby des Cinq Nations pour la septième fois.

1 MAI 1967
Le célibataire le plus convoité du monde, Elvis Presley, épouse Priscilla Ann Beaulieu, à Las Vegas.

23-25 JUN 1967
Eruption de tornades dans le nord de la France, le Benelux et la République Démocrate Allemande.

Participation aux bénéfices
17 août 1967. Changement important pour la vie des salariés en entreprise de plus de 100 personnes. En effet, si la société génère des bénéfices, les employés recevront en retour une participation, autrement dit une rémunération annuelle, versée à travers une épargne salariale décidée entre la direction et les syndicats.

La Dyane
29 août 1967. La Dyane est la remplaçante de la 2CV. Face à la chute des ventes de celle-ci et la concurrence de la 4L de Renault, le patron de Citroën décide de réagir, en fabriquant à moindre coût, en ajoutant un hayon, et en limitant la puissance fiscale à 2CV. Côté technique, c'est impressionnant : poids à vide 570 kg, moteur 425 ou 602 cm3, longueur 3,90 m pour 5 places, 21 chevaux de puissance et vitesse maximale 95 km/h.

POLITIQUE

Solidarité nord-atlantique
L'année 1967 est l'occasion pour le Conseil de l'Atlantique Nord d'approuver un document instituant la notion de dissuasion et de défense. Une étape importante vers une conception commune des questions touchant à la sécurité au sein de l'OTAN.

Général de Gaulle à Montréal
24 juillet 1967. Lors de l'exposition universelle de Montréal, le Général affirme haut et fort sa volonté d'une France libre et souveraine. En prononçant sa célèbre phrase « Vive le Québec Libre ! », il crée de nombreuses réactions contrastées, avec son soutien déguisé à la souveraineté du Québec.

La Carte Bleue voit le jour
6 novembre 1967. 6 banques françaises : Crédit Lyonnais, Société Générale, Banque Nationale de Paris, Crédit Commercial et Industriel, Crédit Commercial de France et Crédit du Nord s'associent pour créer la première carte de paiement en France, la Carte Bleue, le DAB (Distributeur Automatique de Billets) arrivera en 1968.

6 JUL 1967
La guerre déclenchée par la sécession de la région du Biafra au Nigéria coûte la vie à plus d'un million de personnes.

5 AOÛ 1967
Sortie du premier album des Pink Floyd, *The Piper at the Gates of Dawn.*

28 SEP 1967
La Commission des Opérations de Bourse est créée pour donner des avis sur certaines questions boursières.

ACTUALITES
INTERNATIONALES

Le Coup des Colonels

21 avril 1967. Un coup d'état militaire en Grèce, mené par un groupe de colonels, renverse le gouvernement démocratique. La junte militaire qui en résulte suspend les libertés civiles, abolit la constitution et gouverne par la censure, instaurant une période de répression politique et de violation des droits fondamentaux jusqu'en 1974.

Téléphone publique

Che Guevara

9 octobre 1967. Le révolutionnaire argentin, le 'Che', figure emblématique de la révolution cubaine, meurt exécuté par l'armée bolivienne. Sa mort marque la fin de sa tentative de propager la révolution en Amérique du Sud.

Guerre des 6 jours

5-10 juin 1967. La Guerre des 6 jours oppose Israël à l'Égypte, la Syrie et la Jordanie. Israël remporte une victoire rapide et 'annexe' Jérusalem-Est, la Cisjordanie, la bande de Gaza, le plateau du Golan et le Sinaï. Cette guerre redessine les frontières régionales et va intensifier les tensions au Moyen-Orient.

1 OCT 1967

Diffusion du premier programme en couleur sur la deuxième chaîne de la télévision française.

26 NOV 1967

En France, pour la première fois, la messe est dite en français.

11 DÉC 1967

Le premier prototype du Concorde est dévoilé à Toulouse.

Première greffe du cœur
3 décembre 1967. En Afrique du Sud, une équipe de chirurgiens sous la direction de Christiaan Barnard réalise la première transplantation cardiaque. Elle bénéficie à un immigré polonais de 57 ans, qui se voit implanter le cœur d'une jeune femme victime d'un accident. Le patient décédera toutefois 18 jours plus tard, victime d'une pneumonie.

Muhammad Ali et la guerre
A la suite de son refus d'être enrôlé dans l'armée américaine pour combattre au Viêt Nam, Muhammad Ali est arrêté et reconnu coupable. Il évite la prison, mais est dépossédé de son titre mondial et de sa licence de boxe. Il ne va plus pouvoir combattre pendant 4 ans, un beau gâchis pour cet athlète.

Folie des grandeurs
9 décembre 1967. Nicolae Ceaușescu accède au poste de chef d'état de la Roumanie communiste. Plutôt libéral et tolérant au début, il apparaît aux yeux des Occidentaux comme différent des autres dirigeants des pays du Bloc de l'Est. Tout cela change totalement en 1970, lorsque Ceaușescu se transforme en véritable dictateur stalinien. Pendant que son peuple subit son joug, il se fait bâtir un palais somptueux et délirant à Bucarest. Ce sera son dernier caprice avant sa chute.

Minijupe et panty
Le panty : un genre de maillot, constitué de bas de nylon attachés à une sorte de culotte. Son apparition n'est pas le fruit du hasard : il complète la toute nouvelle minijupe et relègue au placard les bas longs agrémentés de jarretelles.

Et voici Twiggy
Mannequin, Twiggy accède au statut d'icône, sitôt sa photo exposée en couverture du numéro de juillet du magazine *Vogue*. Elle est érigée en symbole des 'Swinging Sixties', affichant sa taille ultra-mince, sa mine qui fait garçon, ses cheveux courts et ses grands yeux.

VOUS SOUVENEZ-VOUS ?

Vespa 150 Sprint

1967

DIVERTISSEMENT

Des agents très spéciaux
14 janvier 1967. Une série pleine d'action fait son apparition sur les écrans : Des agents très spéciaux. On y suit un binôme américano-russe, Napoleon Solo et Illya Kourakine affrontent une organisation mondiale de méchants.

Haut en couleur
15 septembre 1967. La deuxième chaîne de l'ORTF diffuse le premier journal télévisé en couleurs diffusé en Europe. Lorsque la troisième chaîne est inaugurée à la fin de l'année 1972, elle est en couleur.

Chapeau Melon et Bottes de Cuir
4 avril 1967. La série mythique *Chapeau Melon et Bottes* de Cuir arrive enfin dans sa première version avec John Steed et Emma Peel avec sa plastique et son côté très mode fin des sixties, début des seventies. On baigne dans un esprit britannique, teinté d'humour, de facétie avec quelques petits gadgets 'James Bondiens' lors des phases de combat contre leurs adversaires. Un petit clin d'œil aussi à la musique du générique si caractéristique.

Pour les jeunes
En mars 1967, débarque *La maison de Toutou*, une vision poétique de la campagne avec des personnages marionnettes animées : un chien, une chatte et une grenouille ... En octobre, c'est l'arrivée du dessin animé *Popeye the Sailor Man* qui se glisse un peu partout, entre deux émissions.

Emotions en salle
Le 11 mars sort un film classique émouvant avec l'immense Michel Simon (photo) : *Le vieil homme et l'enfant* de Claude Berri, le 12 avril, on change de catégorie, action: *Les Aventuriers* avec Lino Ventura et Alain Delon, *Une musique fantastique* de François de Roubaix et le Fort boyard en toile de fond. Le 16 décembre, c'est *Playtime* réalisé et joué par Jacques Tati qui incarne Monsieur Hulot dans le film qui a nécessité 3 ans de tournage dans des décors fort couteux. Le 20 décembre, c'est le film d'animation *Astérix le gaulois* qui sort en salle avec les voix truculentes de Roger Carel et Pierre Trabaud.

Fantômas contre Scotland Yard
16 mars 1967. Fin de la trilogie des Fantômas, avec deux acteurs célèbres et au sommet de leur art : Louis de Funès en inspecteur français survolté et Jean Marais dans un double rôle de journaliste à la Tintin et de Fantômas lui-même (avec la voix méchante de Raymond Pellegrin), sans oublier la superbe Mylène Demongeot. Une sorte de James Bond à la française où le méchant s'en sortirait à chaque fois. On se souvient par exemple de la DS volante dans cet épisode.

Les confiseries
Dans les années 1960-70, la chasse au sucre n'est pas encore de mise, ainsi il existe toutes sortes de confiseries pour les enfants. Il y a les roudoudous à lécher dans des plastiques en forme de coquillage. On peut aussi trouver des cachous en boule dans des petites boites de dominos, ou encore des rouleaux de réglisse avec un bonbon de couleur au milieu.

La Flowerpower

Le mot anglo -saxon parle à nombre de jeunes européens, rebutés par la perspective d'une vie bourgeoise et sage. Ces jeunes rêvent d'être libres, de créer leurs propres communautés ou encore de vivre des relations sexuelles... diverses. C'est l'heure des hippies, parfois barbus et arborant des bandeaux dans des cheveux longs. Quant aux femmes, certaines décident de ne plus porter de soutien-gorge. Les vêtements longs et amples plaisent aux hippies, tout comme les vestes afghanes en peau de mouton, les T-shirts colorés, les chemises de coton et les vêtements souvent issus de ventes de deuxième-main.

Magritte
15 août 1967. Décès du peintre René Magritte. L'artiste Belge a assimilé des influences venues du cubisme, du futurisme, de l'abstraction, du mouvement Dada ou encore des toiles métaphysiques de l'Italien De Chirico. Son style surréaliste est généralement considéré comme une réflexion portant sur le contenu et le titre de l'oeuvre, le mot et l'image.

Monsieur Cinéma
18 septembre 1967. Coprésentée par le duo Pierre Tchernia et Jacques Rouland, l'émission est présentée dans sa première version, jusqu'en 1972, le dimanche en fin d'après-midi. Le principe : l'actualité du cinéma, puis un jeu de questions entre deux candidats, le gagnant devenant 'Monsieur Cinéma'.

Françoise Dorléac
26 juin 1967. La sœur de Catherine Deneuve décède tragiquement dans un accident de voiture. On se souviendra en particulier de la présence des 2 sœurs dans la comédie musicale de référence : *Les Demoiselles de Rochefort*, réalisé par Jacques Demy, avec une musique signée Michel Legrand.

1967

Michèle Demai
15 septembre 1967. La speakerine Michèle Demai accompagne les téléspectateurs lors du passage à la couleur de la télé le 15 septembre 1967. Elle anime par la suite l'émission *Aujourd'hui madame*, avant de partir en 1983 pour construire un bateau et faire des tours du monde à la voile avec ses filles.

Les circuits électriques
Quand on est un petit garçon, on rêve d'un circuit électrique. Le premier circuit électrique va s'appeler 'Circuit 24' et faire son apparition au début des années 60. La marque française Jouef propose des circuits un peu rustiques pas trop chers, qui prennent peu de place.

Le monde du petit écran
On voit débarquer des séries anglaises ou américaines : dans *Des agents très spéciaux*, un binôme américano-russe, Napoleon Solo et Illya Kourakine, affronte une organisation mondiale de méchants. On reconnaît John Steed et Emma Peel dans la première version de la série mythique *Chapeau Melon et Bottes* de Cuir. Puis *Mission impossible* vient frapper aux écrans, avec des intrigues au couteau et une ribambelle d'acteurs américains aux dents blanches.

Les chevaliers du ciel
16 septembre 1967. La série française, *Les chevaliers du ciel*, est une perle : on suit deux beaux pilotes, un blond et un brun, ils volent sur des Mirages, fleuron de l'aviation française, voire mondiale, c'est un produit du savoir-faire français. Tout cela est combiné avec des intrigues bien ficelées et enfin, cerise sur le gâteau, le générique est chanté par Johnny Halliday !!!

Maigret
14 octobre 1967. C'est le début de l'émission *Les Enquêtes du commissaire Maigret* tirée de l'œuvre de Georges Simenon. Le rôle du commissaire est joué par Jean Richard, acteur hautement célèbre dans ces années-là, qui tourne 88 épisodes jusqu'en 1990. On est dans une ambiance 'force tranquille' et c'est tourné dans le monde réel.

MUSIQUE

Le MIDEM
3 février 1967. La première édition du MIDEM débute à Cannes. C'est l'abréviation de Marché International de l'Edition Musicale. Le salon s'adresse aux professionnels de l'industrie musicale. En 2013, il y a 6 400 participants issus de 3 000 entreprises. Le monde entier est présent au Palais des Festivals et des Congrès. L'objectif est de nouer des contacts, de trouver l'inspiration et de signer des contrats. Pour beaucoup d'entreprises, cet événement de 4 jours est le point focal commercial de l'année.

Déshabillez-moi
Juliette Gréco décide d'interpréter cette chanson dans une époque encore un peu coincée. Après un boycott de plusieurs radios, le titre prend son envol en début d'année suivante après l'interdiction de passage en télévision. Juliette Gréco restera toujours une artiste en marge et libre. Elle maintient sa position d'artiste engagée, chantant selon ses convictions.

Monterey Festival
16-18 juin 1967. Le Monterey International Pop Music Festival a lieu à Monterey en Californie. Monterey est considéré comme l'apogée du 'Summer of Love'. The Who, Jimi Hendrix, Janis Joplin et Ravi Shankar dominent l'affiche du festival rock.

Psyché rock
11 juillet 1967. Le chorégraphe Maurice Béjart est invité à présenter une nouvelle œuvre au célèbre Festival d'Avignon. Celui-ci a introduit la danse dans sa programmation un an plus tôt. Béjart passe commande à Pierre Henry, un homme dont le nom est associé à la musique concrète. Il s'agit d'une musique qui utilise l'électronique pour transformer des sons quotidiens en compositions et en collages. De son côté, Henry fait appel à Michel Colombier, un jeune compositeur qui travaille régulièrement avec Serge Gainbourg. Ensemble, ils créent *Messe pour le temps* présent. Un disque novateur qui contient *Psyché rock*, le premier tube de danse électronique de l'histoire.

A sa façon
17 septembre 1967. Claude François enregistre une chanson qui raconte sa récente rupture avec la chanteuse France Gall. *Comme d'habitude* est la première sortie de Disques Flèche, la maison de disques qu'il crée pour gérer lui-même ses affaires. La chanson attire l'attention à l'étranger. Le premier à s'aventurer dans la traduction est le jeune David Bowie. L'Américain Paul Anka réalise l'ultime traduction sous le titre *My way*. Elle devient immortelle dans la bouche de Frank Sinatra. C'est après un concert à Bruxelles que François a entendu cette version pour la première fois. Il aurait pleuré dans sa loge.

Le maître de la soul

10 décembre 1967. A 26 ans, Otis Redding décède dans le crash de son avion privé. Ce chanteur noir et guitariste talentueux débutait une carrière très prometteuse dans un registre soul, rhythm and blues. Il laisse encore une empreinte de nos jours.

MES 18 PREMIÈRES ANNÉES

TOP 10 1967

1. **The Beatles** *All You Need Is Love*
2. **The Doors** *Light My Fire*
3. **Jacques Dutronc** *J'aime les filles*
4. **Nino Ferrer** *Le téléfon*
5. **Claude François** *Comme d'habitude*
6. **Pierre Henry** *Psyché rock*
7. **Scott McKenzie** *San Francisco*
8. **Nicoletta** *La musique*
9. **Procol Harum** *A Whiter Shade of Pale*
10. **Sandy Shaw** *Puppet on a String*

Open | **Search** | **Scan**

Jacques Dutronc

Il rencontre le succès avec des chansons comme *Et moi, et moi, et moi*, *Les cactus*, *La fille du Père Noël*, *Les Play-Boys* et *J'aime les filles*, *Il est cinq heures, Paris s'éveille*, *L'opportuniste* et *Fais pas ci, fais pas ça !* Son style musical est très distinctif : des mélodies entraînantes avec de paroles souvent humoristiques, voire ironiques. Outre sa carrière musicale, Jacques Dutronc joue dans une vingtaine de films. Son rôle le plus marquant est son interprétation de Vincent Van Gogh dans le film *Van Gogh* de Maurice Pialat.

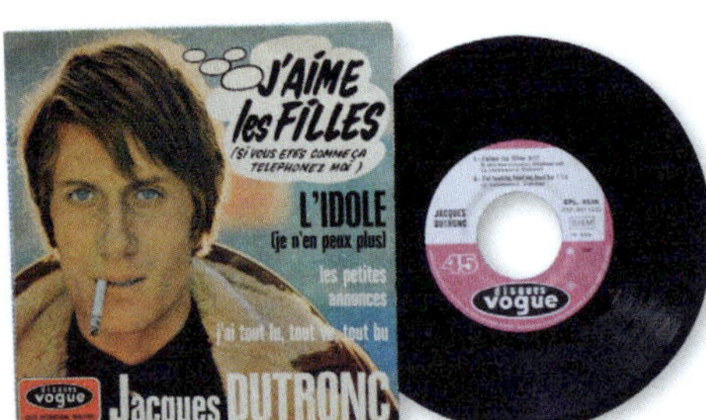

Z

Sheila

Elle est principalement connue pour sa carrière dans la période yéyé, où elle connaît un immense succès. Elle débute en 1962 avec *L'école est finie*. Par la suite, elle enchaîne les tubes : *Bang-Bang*, *Vous les Copains, je ne vous oublierai jamais* et *Les Rois Mages*. Durant la période 1970-1980, elle se marie au chanteur Ringo, et chante avec lui en en duo. En 1979, elle se lance dans le disco avec le groupe Sheila & B. Devotion et rencontre un immense succès international avec sa chanson *Spacer*.

SPORT

Jeux Olympiques d'hiver à Grenoble
6 février 1968. Après Chamonix en 1924, c'est au tour de Grenoble d'accueillir les JO d'Hiver. Ce sont les jeux de beaucoup de 'premières fois' : première mascotte 'Shuss', première diffusion en couleur... Réunissant 37 nations et 1 158 athlètes, les jeux sont une parfaite réussite, d'autant que les athlètes français brillent de mille feux, particulièrement Jean-Claude Killy en ski alpin avec trois médailles d'or, mais aussi Guy Périllat, et côté féminin on retiendra Marielle Goitschel (une médaille d'or), Isabelle Mir et Annie Famose.

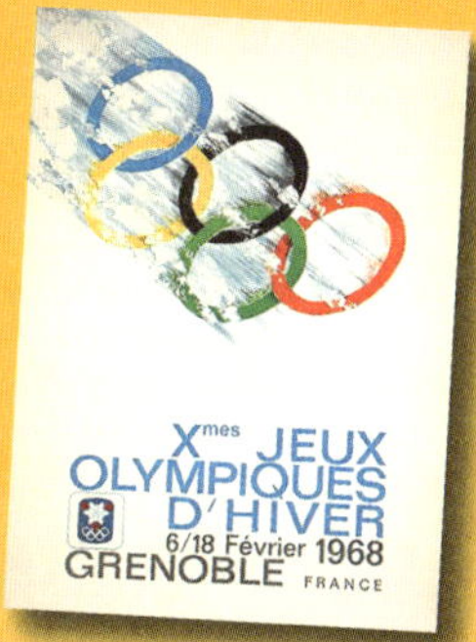

Françoise Dürr brille doublement !
Françoise Dürr remporte 2 titres à Roland-Garros, double dames et double mixte.

Jeux Olympiques d'été à Mexico
12-27 octobre 1968. On retiendra l'exploit du sauteur en longueur Bob Beamon avec un bond de 8,90m et il gardera ce record 23 ans durant. Côté politique, c'est le poing levé des athlètes noirs Tommie Smith (or) et John Carlos (bronze), qui retiendra l'attention lors de la remise des médailles du 200 mètres pour exprimer leur soutien au movement des droits civiques aux Etats-Unis. Côté français, on retient l'exploit sur 400 mètres de Colette Besson (or), surnommée 'la petite fiancée de France'. Côté cyclisme sur piste, ce sera la razzia avec 5 médailles dont 4 en or, on se souvient surtout de Daniel Morélon et de Pierre Trentin, particulièrement en tandem.

Jean-Claude Killy
Souvent oublié à tort, le skieur dispose d'un palmarès bien fourni. Triple champion Olympique, 6 fois champion du monde et également 6 Globes de Cristal.

2 JAN 1968
La frontière franco-luxembourgeoise est rectifiée sur une zone de 2.225 m2.

5 FEV 1968
Grèves des cheminots, des employés de banque et du personnel navigant d'Air Inter.

27 MAR 1968
Décès de Youri Gagarine, cosmonaute russe et premier homme à être allé l'espace.

1968

Jacky Ickx
Le Bruxellois Jacky Ickx décroche un contrat chez Ferrari, équipe pour laquelle il remporte son premier Grand Prix de Formule 1 à Rouen. Il gagne 6 fois les 24 heures du Mans et devient champion du monde d'endurance en 1982 et 1983. En 20 ans de carrière, il remportera près de 200 victoires.

D

ACTUALITES

Michel Sardou dans la débrouille
En 1968, Michel Sardou est loin d'être encore la star de la chanson française, que l'on connaît maintenant. Pendant les événements de Mai, mi-gaulliste, mi-anarchiste, pour pallier le manque de carburant dans les stations-service, il se livre à des 'vols d'essence' en pompant le carburant des voitures à Neuilly. Face à la 'chienlit' déplorée par le Général de Gaulle, il justifie cette action comme tolérable dans cet espace-temps particulier.

Les classes de neige
Ces séjours éducatifs visent à initier les jeunes élèves aux sports d'hiver, à la vie en groupe et à découvrir la nature. C'est devenu au fil du temps une tradition scolaire, en primaire ou au collège. On compte à cette date 50 000 enfants aux sports d'hiver.

E

Il est cinq heures, Paris s'éveille
Mars 1968. Hasard ou clin d'œil à l'histoire, cette chanson naît quelques mois avant les évènements de Mai 1968. Chantée par Jacques Dutronc, très en vogue de l'époque, elle raconte un Paris joyeux, effervescent, autour des activités matinales des ouvriers et des artisans, avec un petit air de flute qui fera sa renommée.

7 AVR 1968
Décès de Pépée, le chimpanzée du chanteur Léo Ferré.

6 MAI 1968
Premières barricades à Paris. 600 étudiants et plus de 300 policiers sont blessés.

5 JUN 1968
Début de la reprise du travail dans la fonction publique.

Premier coeur transplanté en Europe
27 avril 1968. Après une première mondiale en 1967 en Afrique du Sud, c'est au tour du professeur Cabrol de réaliser une première transplantation cardiaque à l'hôpital de La Pitié-Salpêtrière de Paris. Même si le résultat sera de courte durée pour le patient, c'est une avancée dans le domaine médical.

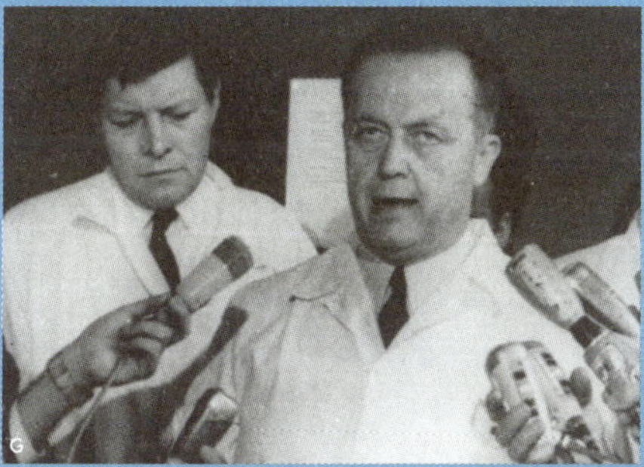

Fos-sur-Mer
20 décembre 1968. Le port de Fos-sur-Mer est inauguré. C'est un atout majeur dans le développement économique du bassin méditerranéen français. Il est devenu par la suite l'un des plus importants du pays, notamment pour la logistique des produits chimiques et pétrochimiques.

Les évènements de mai 1968
3 mai - 16 juin 1968. La France est secouée par des mouvements de contestation sociale et politique sans précédent. Initié par des étudiants universitaires parisiens avec son leader Daniel Cohn-Bendit contre les structures éducatives et le gouvernement, le mouvement gagne rapidement en ampleur. Les manifestations de rue, les barricades, les jets de pavés, les affrontements avec la police et les occupations d'universités et d'usines caractérisent le soulèvement. Une grève générale suit, paralysant l'économie et plaçant la France au bord du chaos. Les revendications portent sur des questions variées, allant de la démocratie participative à la critique du capitalisme. Bien que des négociations aboutissent à des accords apaisant la situation, les changements sociaux promis ne sont pas pleinement réalisés. Toutefois, les événements de Mai 1968 laissent un héritage durable, influençant la pensée sociale, la politique, la culture en France, mais aussi les mœurs et la libération sexuelle.. La portée va bien au-delà de l'hexagone.

21 JUL 1968

C'est la fin des équipes nationales. Dès 1969, les maillots de marque aparaissent dans le Tour de France.

2 AOÛ 1968

102 journalistes de radio et télévision sont licenciés.

12 SEP 1968

Réouverture dans le calme de la Sorbonne.

Meilleur restaurant du monde
En 1957, L'Hôtel Moderne devient Les Frères Troisgros, avec Pierre au fourneau, Jean le maître saucier et leur père Jean-Baptiste comme maître d'hôtel et sommelier. En 1968, Christian Millau titre en couverture de son magazine *Gault et Millau* : « J'ai découvert le meilleur restaurant du monde ».

Pschitt citron et orange
Ce sont des boissons très pétillantes avec une étiquette bleue pétante. L'idée du nom viendrait des échecs de lancement de fusée autour des années 1960.

POLITIQUE

L'Union douanière
1er juillet 1968. Dans le cadre de la Communauté Economique Européenne (CEE), composée de ses 6 pays fondateurs (Belgique, Allemagne, France, Italie, Luxembourg et Pays-Bas), l'Union douanière est mise en place.

L'affaire Marković
1er octobre 1968. On découvre le corps de Stevan Marković, supposé agent des services secrets de Tito, près d'Élancourt. Ancien homme de confiance d'Alain Delon, sa mort suscite des spéculations sur un chantage lié à un carnet d'adresses compromettant. François Marcantoni, proche de Delon, est évoqué, sans aboutir à des accusations.

Le Gaullisme du Général
9 septembre 1968. A l'occasion d'une conférence de presse, le Général définit le Gaullisme : « On voit quel est le devoir de cohésion et de résolution de ceux qui adhèrent à l'entreprise de rénovation nationale qui a le service de la France pour raison d'être, pour loi et pour ressort. Cette entreprise, si on l'appelle 'Gaullisme' depuis 1940, n'est que la forme contemporaine de l'élan de notre pays, une fois de plus ranimé, vers le degré de rayonnement, de puissance et d'influence répondant à sa vocation humaine au milieu de l'Humanité ».

Les points cadeaux
Des points à gagner dans les stations essence. Il vous faut une bouée ou un canot pneumatique ?

9 OCT 1968
René Cassin, président de la Cour européenne des droits de l'homme, reçoit le Prix Nobel de la paix.

5 NOV 1968
Le Républicain Richard Nixon est élu président des Etats-Unis.

20 DÉC 1968
Le décès de l'écrivain américain John Steinbeck, connu par son roman *A l'est d'Eden*.

ACTUALITES
INTERNATIONALES

Auroville, ville expérimentale en Inde
28 février 1968. Inauguration d'un cas unique initié par une femme française Mirra Alfassa dite 'la mère'.. Une ville où toute personne peut vivre comme un citoyen du monde sans appartenir à qui ou quoi que ce soit. L'inauguration se fait sous l'égide de l'UNESCO et en présence du président de la République de l'Inde. La ville existe toujours, mais compte seulement 2 500 habitants au lieu des 50 000 prévus initialement.

VOUS SOUVENEZ-VOUS ?

Jukebox

Premier satellite européen
17 mai 1968. La date marque l'histoire de la conquête européenne de l'espace. C'est ce jour-là que 10 pays européens envoient, à partir de la base de lancement de fusées Vandenberg aux Etats-Unis, un premier satellite dans l'espace. Baptisé ESRO 2B, ou plus poétiquement Iris, il est chargé d'analyser les effets du rayonnement X et des particules émises par le soleil durant les éruptions solaires sur l'environnement terrestre.

La paix au Viêt Nam ?
En 1968, les États-Unis traversent une période tumultueuse au Viêt Nam. La perte du dix-millième avion militaire, l'offensive du Tet lancée par le Vietcong, et le massacre de My Laï commis par l'armée américaine témoignent d'une violence exacerbée. Malgré cela, des pourparlers de paix commencent en mai entre les Américains et les Nord-Vietnamiens. Le 31 octobre, le président Johnson annonce l'arrêt des bombardements sur le nord du Viêt Nam.

Les Etats-Unis dans la tourmente
Avril-juin 1968. Le 4 avril, le pasteur Martin Luther King, fervent défenseur des droits civiques des Noirs et opposant à la guerre du Viêt Nam, est assassiné. Cela déclenche des émeutes dans plusieurs villes. En pleine campagne présidentielle, Robert Kennedy, frère du défunt président John Kennedy, appelle à la paix entre Blancs et Noirs, mais il est également assassiné 2 mois plus tard, le 6 juin à Los Angeles.

1968

Accord de non-prolifération nucléaire
1er juillet 1968. Ce jour-là, la France, les États-Unis, la Chine, le Royaume-Uni et l'Union soviétique signent un accord de non-prolifération des armes nucléaires. De nombreux pays adhèrent au traité, promettant une utilisation pacifique de l'énergie nucléaire. Bien que 190 pays signent le traité au fil du temps, Israël, l'Inde, le Pakistan, la Corée du Nord et le Soudan du Sud refusent de le signer.

Grippe de Hong Kong
16 août 1968. l'OMS lance une alerte pandémique mondiale contre la dernière pandémie connue (avant la COVID-19). Elle touche la France pendant l'hiver 1968 et 1969. D'une nature assez violente à l'échelle mondiale, on estime entre un et quatre millions de morts. Cette grippe passera de façon discrète en France, malgré plus de 30 000 morts.

Un bonjour de la lune
21 décembre 1968. Lancement d'Apollo 8 qui devient le premier engin spatial à se placer en orbite autour de la Lune. A Noël, un quart de la population mondiale scrute son écran de télévision pour découvrir les 3 astronautes qui leur envoient des vœux de Noël à 2 pas de la lune. Apollo est chargé de localiser des sites d'atterrissage pour une future mission permettant d'atteindre notre satellite. L'ancien président américain John Kennedy avait annoncé que les Américains seraient les premiers êtres humains à débarquer sur l'astre de la nuit. L'histoire lui a donné raison.

Ecrasement du printemps de Prague
L'année tumultueuse 1968 voit une révolte à Prague. Le 5 janvier, le nouveau Secrétaire général du parti communiste tchécoslovaque, Alexander Dubček, propose un « communisme à visage humain ». La population soutient cette idée, accueillant la culture occidentale. Cependant, Moscou désapprouve et envoie des chars soviétiques le 20 août. Malgré une réaction pacifique, la normalisation intervient, écartant Dubček du pouvoir. Le geste tragique de Jan Palach, qui s'immole par le feu, souligne la résistance pacifique face à l'oppression soviétique.

DIVERTISSEMENT

Festival de Cannes
Fait unique, à la suite des évènements de Mai, par solidarité avec les étudiants et les mouvements de contestation, il est décidé de ne pas remettre de prix !

Pedalier d'équilibre

1968

Le Prisonnier
18 février 1968. Une série culte, qui prend place dans l'univers oppressant du 'Village' où des petites voitures circulent. L'ex-agent d'espionnage est devenu malgré lui un numéro, le numéro 6. Impossible de s'évader du lieu hautement surveillé. Patrick Mc Goohan, l'acteur principal mais aussi co-scénariste y incarne un rôle qui marque à jamais, sans oublier sa légendaire Lotus Seven.

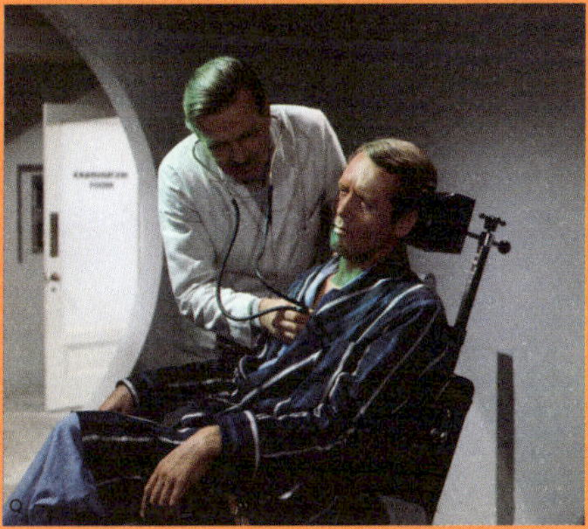

Les films clés
Baisers volés, réalisé par François Truffaut, film issu d'une série de 5 films où l'on voit évoluer Antoine Doinel (Jean-Pierre Léaud) et Christine Darbon (Claude Jade) dans des séquences de vie au fil des films : fiancés, mariés, divorcés. Du même Truffaut, on se rappelle *La mariée était en noir* avec Jeanne Moreau qui vengera la mort de son mari. Enfin on peut citer *La Bande à Bonnot* avec Bruno Cremer, Jacques Brel et Annie Girardot, relatant le premier 'casse automobile' de l'histoire.

Angélique et le sultan
C'est le cinquième et dernier film d'une saga autour de l'héroïne Angélique jouée par la superbe Michèle Mercier et Joffrey de Peyrac, son héros joué par Robert Hossein. Le tout se déroule dans une ambiance d'aventure à l'époque du roi Louis XIV. La série fonctionne remarquablement bien en France, en Italie, en Allemagne et en Union soviétique.

Les Shadoks
29 avril 1968. Une série d'animation complétement décalée, absurde avec des personnages anthropomorphes ressemblant à des oiseaux rondouillards aux longues pattes filiformes, des ailes minuscules en forme de main et trois poils sur le caillou. Ils habitent sur une planète et essayent par tous les moyens à accéder à la Terre, mais sans succès car leurs machines ne fonctionnent jamais comme la 'Cosmopompe'. Le tout est narré par la voix de Claude Piéplu.

1968

Max La Menace
8 septembre 1968. C'est la date de la première diffusion de cette série américaine d'espionnage, dans le registre de la comédie, créée par Mel Brooks. Elle allie une bonne dose d'humour et des gadgets farfelus, avec un héros un peu maladroit parfois. C'est un peu l'ancêtre de l'inspecteur Gadget.

La pub au petit écran
1er octobre 1968. La publicité de marque apparaît. Dans un premier temps, c'est seulement sur la première chaine de l'ORTF, puis à partir de 1971 sur la deuxième chaine et enfin en 1983 sur FR3.

Radioscopie
5 octobre 1968. Présenté par Jacques Chancel jusqu'en 1982, le principe est d'inviter en direct une personnalité et de mener un entretien intimiste. Au préalable, Jacques Chancel s'informe sur la personne, mais ne la rencontre pas avant pour garder la surprise.

Thibaud ou les Croisades
2 novembre 1968. C'est l'histoire d'un beau chevalier Thibaud (André Lawrence) surnommé 'le chevalier blanc', fils d'un baron chrétien et d'une mère arabe, au temps des croisades en Palestine. Une série historique dans des décors orientaux.

Skippy le kangourou
12 décembre 1968. Une amitié entre un kangourou orphelin Skippy et un jeune garçon Sonny. Il intervient pour sauver Sonny et son frère de moments périlleux dans la nature parfois hostile en Australie. On retiendra le petit bruit qu'émet Skippy lors de ces interventions.

MUSIQUE

Vous permettez, monsieur?
Salvatore Adamo est considéré comme le chanteur Belge ayant vendu le plus de disques dans le monde : plus de 100 millions d'albums et de singles. Il chante ses propres compositions en français, italien, anglais, néerlandais, turc, espagnol, japonais, allemand... Né d'un père mineur sicilien venu chercher du travail en Belgique, le jeune Salvatore a passé sa jeunesse à Jemappes, près de Mons. C'est là qu'il apprend à jouer de la guitare et chante dans une chorale d'église. A peine âgé de 13 ans, il remporte un premier concours de chant en 1960 avec *Si j'osais*. La même année encore, il passe à la radio. Un an plus tard paraît son premier disque, alors qu'il vient de remporter un concours à Saint-Quentin, entre Paris et Bruxelles. Et 1963 lui apporte son premier gros succès, avec *Sans toi, ma mie*. Son succès ira grandissant, tant en Belgique qu'en France, puis dans le monde entier. Son charme inné, relevé d'une touche méditerranéenne, et sa voix particulière teintée d'un léger voile, font fondre bien des coeurs.

Alouette

Certains auteurs sont connus pour un unique tube. Gilles Dreu fait partie de ceux-ci avec *Alouette*. Il a bien évidemment chanté beaucoup d'autres chansons, mais celle- ci restera son titre phare.

X

Les tubes de l'année

Sylvie Vartan sort 2 chansons qui feront date : *Comme un garçon* et *La Maritza* en lien avec ses origines bulgares. Serge Gainsbourg et Brigitte Bardot chantent *Bonnie & Clyde*, c'est chaud, très chaud entre les deux amants. De son côté, Yves Montand donne dans le bucolique avec *La Bicyclette* ... et puis Paulette ... on a tous le refrain en tête !

En prison

13 janvier 1968. Le chanteur américain Johnny Cash enregistre son album At *Folsom Prison*, le premier d'une série d'albums 'prison'.

Brel en Amérique

Les Américains découvrent le chansonnier et comédien dans la comédie musicale *Jacques Brel is alive and well and living in Paris* à New York. Mort Shuman et Eric Blau ont traduit les textes. Le spectacle démarre au Village Gate Theatre. Il faut attendre l'année 1975 pour voir le film. Signalons que la comédie musicale dans le style Broadway ne plait pas à tout le monde.

A2

Diamant fou

6 avril 1968. Il est charismatique et un peu fou, le *Crazy diamond* Syd Barrett, fondateur du groupe britannique Pink Floyd. Il est forcé de quitter l'ensemble à cause de son comportement peu stable et sa toximanie. Il sera remplacé par David Gilmour.

B2

Z

Comme d'habitude

Cette chanson est chantée d'abord par Paul Anka sous le titre *My Way* en 1968 puis par Frank Sinatra en 1969. Au total, la chanson a été reprise plus de 1 300 fois par 570 artistes. Bien évidemment, il faut rendre à César, en l'occurrence Claude François (paroles, musique, interprétation), la paternité de cette chanson emblématique.

Mai 68

Voici le plus grand mouvement social du XXe siècle, porté essentiellement par des jeunes. On l'entend bientôt. Des chansons apparaissent avec des titres évocateurs comme *Vive les étudiants* (Simon Saguy), *La révolution* (Evariste), *Paris mai* (Claude Nougaro), *Sorbonne 68* (Ted Scotto). A Paris, Renaud a 16 ans et il écrit *Crève salope*, une chanson qui devient une sorte de mini-hymne mais qui n'est pas enregistrée. La contestation résonne aussi à l'étranger. Les exemples les plus connus sont *Street fighting man* des Rolling Stones et *Revolution* des Beatles.

MES 18 PREMIÈRES ANNÉES

TOP 10 1968

1. **Aphrodite's Child** *Rain and Tears*
2. **Canned Heat** *On the Road Again*
3. **Joe Cocker** *With a Little Help from My Friends*
4. **Dalida** *Le temps des fleurs*
5. **Jacques Dutronc** *Il est cinq heures, Paris s'éveille*
6. **Yves Montand** *La bicyclette*
7. **The Moody Blues** *Nights in White Satin*
8. **Claude Nougarou** *Paris mai*
9. **Otis Redding** *(Sittin' On) The Dock of the Bay*
10. **Sylvie Vartan** *Comme un garçon*

Open | Search | Scan

Maurice Chevalier

C2

20 octobre 1968. Maurice Chevalier (80 ans) fait ses adieux à la scène après 68 ans de carrière. Sa tournée d'adieu le mènera dans 20 pays, dont l'Argentine, le Canada, la Suède et les États-Unis. Il y reçoit un Special Tony Award pour son grand mérite, aux côtés de Marlene Dietrich et Audrey Hepburn. Une session spéciale du Sénat américain et un hommage au MIDEM de Cannes suivent. Les studios Walt Disney lui demandent s'il accepte encore un emploi. Chevalier répond 'oui' par amitié et il chante le thème des *Aristochats* dans les versions française et anglaise.

Les Pink Floyd à Lyon

16 octobre 1968. Le premier concert en France de ce groupe mythique se déroule à Lyon au Théâtre du 8ème.

D2

Album blanc

22 novembre 1968. La sortie du fameux double album des Beatles, surnommé 'Album blanc' à cause de sa pochette extérieure blanche avec 30 chansons originales. Le groupe britannique évolue une fois de plus, abandonne le psychédélisme pour le rock 'n roll, favorise les arrangements plus simples et les textes moins philosophiques loin de la complexité de *Sgt. Pepper*. La guitare acoustique revient. On y sent l'influence de l'Inde, où les Beatles ont résidé dans l'ashram du Maharishi Mahesh Yogi. *Helter Skelter, Back in the U.S.S.R* et *While My Guitar Gently Weeps* figurent parmi les titres les plus connus.

SPORT

Le Tour d'Espagne
10 mai 1969. Le Français Roger Pingeon signe une des plus belles victoires de sa carrière en s'imposant sur la 'Vuelta'. Il devance un certain Luis Ocaña qui fera parler de lui les années suivantes.

Championnat de France de Rugby à XV
18 mai 1969. Le CA (Club Athlétique) Bègles gagne contre Toulouse 11-9 en finale. A cette époque, le championnat est composé de 8 poules de 8 équipes. A l'issue de la phase qualificative, les 4 meilleures équipes de chaque poule sont sélectionnées et des matchs à élimination directe commencent au stade des seizièmes de finale. Ce système évoluera au fil du temps pour aboutir au Top 14 à partir de 2005.

Les rois du basket
Pour la dixième fois dans l'histoire du club, Lyon-Villeurbanne (ASVEL) remporte le Championnat de France de basket-ball. Le joueur Alain Gilles, surnommé 'Monsieur Basket', conduit l'équipe à 8 titres de champion de France de 1966 à 1981.

GP automobile de France de Formule 1
6 juillet 1969. Un Français brille sur le circuit de Charade, Jean-Pierre Beltoise finit deuxième derrière l'inaccessible Jacky Stewart, l'Ecossais qui deviendra d'ailleurs Champion du monde cette année-là. Pour compléter le podium, le Belge Jacky Ickx finit troisième.

Le Tour de force d'Eddy Merckx
20 juillet 1969. C'est un premier Tour éblouissant pour le belge Eddy Merckx. Non content de remporter le maillot jaune, il gagne le maillot vert : meilleur sprinter et le maillot du meilleur grimpeur, un carton plein. Aux places d'honneur, Roger Pingeon, vainqueur en 1967, arrive en deuxième position à plus de 17 minutes et en troisième position, l'inamovible coqueluche des Français : Raymond Poulidor.

Rod Laver remporte Roland-Garros
8 juin 1969. Rod Laver gagne le tournoi et surtout va réaliser cette année-là le 'Grand Chelem'. Il remporte les 4 grands tournois majeurs du monde : Open d'Australie, Roland-Garros, Wimbledon, US Open, sur des surfaces très différentes, c'est le dernier a l'avoir fait. Il est considéré comme l'un des plus grands joueurs de tennis de l'histoire, avec 200 titres individuels.

20 JAN 1969
Richard Nixon succède à Lyndon Johnson à la présidence des États-Unis (jusqu'en 1974).

19 FEV 1969
La France se retire de l'Union de l'Europe occidentale (UEO).

28 MAR 1969
Le gouvernement français limite la vitesse sur 1 600 km de routes nationales.

1969

Spectacle aux 24h du Mans

15 juin 1969. C'est tout d'abord la dernière année où les concurrents partent à pied de l'autre côté de la piste en courant pour monter dans leurs voitures garées en épis. Cette édition marque les esprits car elle est tragique ; la Porsche 917 'la machine à gagner les courses' mord le gazon, revient sur la piste et est découpée en deux par une Ferrari, et c'est un véritable brasier qui se déclenche aussitôt. Le pilote de la Porsche, qui n'était pas attaché, décède. Mais, si le début de la course est dramatique, la fin est aussi épique ! A quelques tours de l'arrivée, Jacky Ickx se trouve en tête à bord de sa Ford GT40 numéro 6, il a un peu d'avance sur une Porsche 908 mais cette dernière s'accroche et revient sur lui. Lors du dernier tour, les deux voitures ont la même vitesse de pointe, 320 km/h, mais une cylindrée respectivement de 4,9 litres et 3 litres. La Porsche arrive à la hauteur de la Ford à la fin de la ligne droite des Hunaudières, mais sans pouvoir la dépasser. Coup de théâtre ! Quand les voitures franchissent la ligne d'arrivée, il manque 20 secondes pour boucler les 24h, ils doivent alors faire un nouveau tour comme le stipule le règlement. Le même scénario se produit et Jacky Ickx avec sa Ford GT40 triomphe avec 120 mètres d'avance !

ACTUALITES

Des friandises mentholées

De petits bonbons mentholés font leur apparition en 1969, sous la marque Tic-Tac. Ils sont contenus dans une boîte transparente caractéristique, équipée d'une petite ouverture sur le dessus.

Le Concorde s'envole

2 mars 1969. Le premier vol d'essai de cet avion mythique au-dessus de Toulouse le consacre comme le fleuron technologique codéveloppé par la France et le Royaume-Uni : il pouvait transporter une centaine de passagers à 2 200 km/h, soit environ 3h30 pour joindre Paris et New-York. Cet avion supersonique construit en 20 exemplaires, dont seulement 6 à usage commercial, évoluera de 1976 à 2003. Ce modèle prendra sa retraite après un tragique accident en 2000 : l'avion s'écrase 1 minute et 28 secondes après son décollage de l'aéroport de Paris Charles-de-Gaulle.

26 AVR 1969

L'album live du concert de Jimi Hendrix au Los Angeles Forum sortira... en 2022.

30 MAI 1969

Première de la comédie musicale *Hair* au théâtre de la Porte Saint-Martin à Paris.

21 JUN 1969

Jacques Chaban-Delmas Premier ministre, forme le gouvernement, Giscard d'Estaing revient aux finances.

Les 'chalandonnettes'
31 mars 1969. Sous l'impulsion du ministre de l'Équipement et du Logement, Albin Chalandon, un concours international de la maison individuelle est lancé dans l'optique de créer des pavillons bon marché pour faciliter l'accession à la propriété. Finalement, entre 60 000 et 70 000 pavillons verront le jour, souvent de mauvaise qualité. Le mot 'chalandonnette' deviendra par la suite un sobriquet désignant un piètre habitat.

Les richesses du monde
Un jeu de société édité par la société Nathan voit le jour cette année-là. Le but est d'amasser un maximum de richesse au détriment des autres joueurs pour construire un véritable empire économique… En y regardant de plus près, c'est un avant-goût de la mondialisation capitaliste !

Fin d'école le samedi après -midi
7 août 1969. Changement du rythme scolaire avec une réduction hebdomadaire de 30 heures de cours à 27 heures, ainsi les cours du samedi après-midi s'arrêtent dans les écoles élémentaires et maternelles.

Bigoudis

Suicide d'une professeure
1er septembre 1969. Gabrielle Russier, professeure agrégée de lettres, s'éprend d'un élève avec qui elle entretient une liaison amoureuse. Suite à une plainte des parents de celui-ci, elle est condamnée à un an de prison avec sursis pour enlèvement et détournement de mineur. Elle ne supporte pas cette décision et se suicide au gaz. Le réalisateur André Cayatte s'inspire du drame pour un film avec Annie Girardot, *Mourir d'aimer*, qui sortira en 1971.

La plus ancienne salle de cinema
L'Eden Théâtre à La Ciotat est inauguré le 15 juin 1889. Louis Lumière, inventeur de la Caméra Cinématographe en 1895, tournait ses premiers films à La Ciotat. L'Eden Théâtre est la plus ancienne salle de cinéma en activité dans le monde, inscrite au Guinness World Records.

7 JUL 1969
Victoire du britannique Jackie Stewart sur une Matra-Ford au Grand Prix automobile de France.

15 AOÛ 1969
Premier des 3 jours du festival de Woodstock à Bethel (New York).

8 SEP 1969
Le décès de l'exploratrice, tibétologue et bouddhiste française, Alexandra David-Néel (100 ans).

1969

Les 'vedettes de Cherbourg'
24-31 décembre 1969. L'armée israélienne dérobe 5 navires, appelées des 'vedettes' arrimées au port de Cherbourg. Ces vedettes avaient déjà été payées par le gouvernement israélien, mais l'embargo sur l'armement mis en place par le Général de Gaulle en 1967 était toujours d'actualité. Il semblerait, selon plusieurs historiens, que la France était au courant de cette manœuvre, mais le gouvernement aurait décidé de fermer les yeux sur cette affaire, par double intérêt, pour rester en bon terme avec Israël d'une part et les pays arabes d'autre part. Une navigation entre stratégie économique et diplomatique donc !

ACTUALITES INTERNATIONALES

Les pantalons pattes d'éléphant
Les pantalons à pattes d'éléphant sont très prisés par les jeunes qui se refusent à acheter des vêtements coûteux. Ainsi, les jeans en coton Denim avec des bas de jambes élargis sont totalement en vogue. Danser vêtu de ce type de pantalon, avec des fleurs dans les cheveux, devient un cliché du 'look' hippie.

VOUS SOUVENEZ-VOUS ?

Dessous de poêle en osier

POLITIQUE

Démission du Général de Gaulle
28 avril 1969. Charles de Gaulle démissionne de ses fonctions de Président de la République française, suite au rejet du referendum concernant la réforme du Sénat et des régions, organisé le 27 avril 1969. Il met ainsi définitivement un terme à sa carrière politique, après 10 ans au pouvoir.

Pompidou est élu président de la République
15 juin 1969. Georges Pompidou est élu président de la République française. Il remporte l'élection présidentielle en battant le candidat démocrate-chrétien et centriste Alain Poher au second tour. Pompidou succède au Général de Gaulle. Georges Pompidou va exercer ses fonctions présidentielles jusqu'à son décès en 1974 des suites de la maladie de Waldenström.

21 OCT 1969
Willy Brandt est le nouveau Chancelier de la République Fédérale d'Allemagne.

7 NOV 1969
Sortie du film de Jean Aurel, *Les Femmes*, avec Brigitte Bardot.

19 DÉC 1969
Deux pharmaciennes sont assassinées à Paris. Pierre Goldman est le principal suspect.

Jan Palach prend feu
16 janvier 1969. L'étudiant tchécoslovaque Jan Palach s'immole par le feu sur la place Venceslas à Prague. C'est un mouvement de protestation contre le retrait des réformes engagées lors du Printemps de Prague, qui se dirigeait vers un 'socialisme à visage humain'. Il décède trois jours plus tard des suites de ses blessures.

Le président de l'OLP Yasser Arafat
5 février 1969. L'OLP, Organisation de Libération de la Palestine, va s'employer pendant de nombreuses années à avoir recours à la violence pour son objectif 'politique' : détournement d'avions, prises d'otages, actions armées contre des civils, ... Arafat devient un partenaire de discussion privilégié avec Israël.

Premier essai du Jumbo
9 février 1969. Dès son premier essai, l'avion américain Boeing 747 révolutionne la navigation aérienne commerciale. Le 'Jumbo Jet' restera pendant des décennies le plus grand avion du monde. Il innove aussi avec un fuselage élargi, qui peut accueillir 400 passagers, soit 2 fois plus que les autres avions les plus grands.

Golda Meir
17 mars 1969. Suite à la mort soudaine de Levi Eshkoi, le troisième Premier Ministre israélien, on fait appel à Golda Meir pour lui succéder. Elle tiendra ce poste pendant 5 années marquées par sa fermeté et ses victoires militaires. Elle tient des propos très durs sur les Palestiniens.

'Bed-in' pour la paix
25 mars 1969. John Lennon épouse l'artiste avant-gardiste japonaise Yoko Ono, et le couple choisit Amsterdam pour son voyage de noces. Ils veulent utiliser la publicité générée par leur union pour promouvoir la paix mondiale. Influencé par Yoko, le célèbre Beatle devient un militant pacifiste radical. Ensemble, ils organisent un Bed-in au Hilton d'Amsterdam, accueillant la presse quotidiennement sur leur lit en pyjama. Ce geste pacifique contre la guerre au Viêt Nam, inspiré des Sit-in, surprend ceux qui attendaient des scènes érotiques.

Le décès d'Eisenhower
28 mars 1969. Dwight D. Eisenhower, général émérite et 34e président des États-Unis (1953-1961), a émergé comme un leader majeur pendant la Seconde Guerre mondiale, durant laquelle il commandait les forces alliées en Europe. Son rôle crucial dans la planification du Débarquement de Normandie et la libération de l'Europe a façonné son prestige militaire. En tant que président, il a apporté son expérience stratégique à la gestion de la Guerre froide et à des initiatives nationales.

1969

Le premier homme sur la lune

21 juillet 1969. La conquête de l'espace aboutit à cet événement mythique : l'Homme a marché sur la Lune. L'été tout entier est placé sous le signe de l'exploit et le moindre événement touchant à la mission Apollo 11 est suivi de près par les chaînes de télévision. La fusée Saturn V, qui emmène le module de commande Columbia et les astronautes Neil Armstrong, Buzz Aldrin et Michael Collins, a décollé le 16 juillet pour un voyage d'environ 3 jours vers la Lune. Se rapprochant de l'astre, le module lunaire Eagle se détache du module de commande et Armstrong confirme bientôt : « L'aigle s'est posé ». Des applaudissements ponctuent cette nouvelle dans le centre de commandement de la mission en Floride. Mais ils retentissent aussi dans des millions de foyers. Une fois posés, Armstrong et Aldrin chasseront l'air de la cabine, après quoi le volet de fermeture s'ouvrira, laissant le passage à Armstrong, qui descendra lentement à reculons, vers le sol lunaire. Neil Armstrong devient le premier être humain à poser le pied sur la Lune. La phrase qu'il prononce alors est devenue historique : « C'est un petit pas pour l'homme, un bond de géant pour l'humanité ».

Sharon Tate assassinée

9 août 1969. L'actrice Sharon Tate, épouse de Roman Polanski, enceinte de 8 mois, est sauvagement assassinée avec 4 autres personnes par un groupe dirigé par Charles Manson, gourou à Los Angeles. Ce crime notoire a choqué le public, marquant une tragédie emblématique de cette période.

Khadafi prend le pouvoir en Libye

1er septembre 1969. Cette prise de pouvoir marque la fin du règne du roi Idris 1er. Kadhafi, alors officier militaire, mène un coup d'État sans effusion de sang, établissant un régime autoritaire qui va perdurer jusqu'en octobre 2011.

Le diamant Taylor-Burton

23 octobre 1969. Le joaillier français Cartier achète aux enchères un célèbre diamant de 69 carats pour 1 million de dollars, un prix record en vente publique officielle. Il est ensuite acheté par le célèbre acteur britannique Richard Burton pour son épouse britannico-américaine Liz Taylor. Après la séparation du couple, l'actrice revendra le diamant pour financer la construction d'un hôpital au Botswana.

Décès de Hô Chi Minh
2 décembre 1969. Ho Chi Minh leader des révolutionnaires vietnamiens, décède pendant la guerre du Viêt Nam. Il a joué un rôle essentiel dans la lutte pour l'indépendance et dans la fondation de la République Démocratique du Viêt Nam en 1945. Son corps repose dans un mausolée à Hanoï.

DIVERTISSEMENT

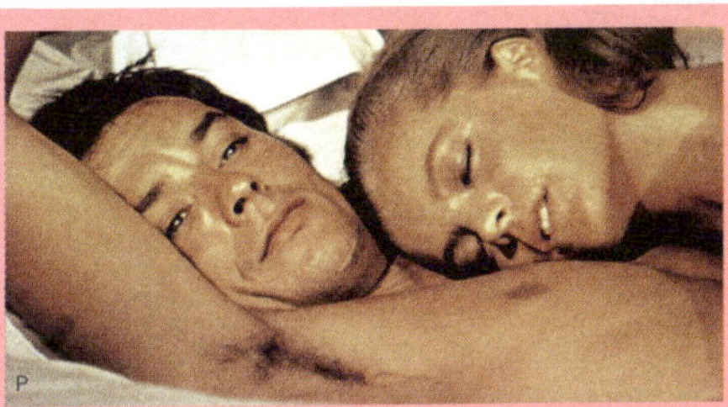

La Piscine
31 janvier 1969. Un film de Jacques Deray, avec le couple mythique Alain Delon et Romy Schneider. S'ajoutent au casting, Maurice Ronet et Jane Birkin. Un drame en presque huis clos, un beau décor, de beaux acteurs et de belles actrices et la piscine témoin de la jalousie des uns et des autres... Musique de Michel Legrand.

Pif gadget
24 février 1969.
Ce magazine hebdomadaire fait le bonheur des enfants avec des bandes dessinées telles que : *Corto Maltese, Rahan, Placid et Muzo, Pifou, Gai-Luron* et bien sûr *Pif le chien* et *Hercule le chat*. Mais cerise sur le gâteau, c'est le fameux gadget inclu avec la magazine, comme les pois sauteurs du Mexique, qui va faire de cet hebdomadaire un best-seller des librairies et des cours de récréation dans les années 1970 à 1980. Ainsi les numéros 60, 137, 443 vont être tirés à 1 million d'exemplaires, un record en Europe.

La sirène du Mississipi
18 juin 1969. Réalisé par François Truffaut, c'est l'histoire d'un va-et-vient amoureux basé sur les mensonges de Julie Roussel, jouée par Catherine Deneuve, et du 'gentil' Louis Mahé, joué par Jean-Paul Belmondo. Comment démêler le vrai du faux ?

Les Fous du volant
3 juillet 1969. Un must dans le dessin animé de ces années-là, grâce aux 2 créateurs Hanna et Barbera. Des courses de voitures endiablées avec des candidats plus déglingués les uns que les autres, dont le fameux duo de méchants 'loosers' : Diabolo et Satanas le chien, et leurs voix de doublage inoubliables.

Lego Duplo
La cible : les enfants entre un an et demi et cinq ans. Pour cela, Lego fabrique des pièces beaucoup plus grosses, impossible donc de les avaler et c'est un moyen de capter une future clientèle dès le plus jeune âge.

1969

Que la bête meure
5 septembre 1969. Un film noir de Claude Chabrol, où Jean Yanne joue un de ses meilleurs rôles d'ordure. Une histoire sordide où il tue accidentellement un enfant en le renversant en voiture, mais cache son horrible méfait, et pour la suite... Il faut voir ou revoir le film !

L'homme de fer
24 septembre 1969. Cette série suit les aventures du policier Robert Dacier, qui se retrouve dans un fauteuil roulant après avoir reçu une balle dans la colonne vertébrale. Entouré d'une équipe efficace, il mène des enquêtes parfois mouvementées. Le générique a été créé par Quincy Jones.

Le clan des siciliens
1er décembre 1969. Un film réalisé par Henri Verneuil avec 3 des plus grosses stars françaises de l'époque : Jean Gabin, Alain Delon et Lino Ventura. Un film d'action et policier avec un scénario très bien ficelé, à voir et à revoir pour le jeu des acteurs.

Jacquou le croquant
4 octobre 1969. Série historique, l'histoire débute en 1815 et raconte le parcours du jeune orphelin Jacquou dans une France paysanne, où la famine fait rage et où il règne une lutte des classes entre les riches propriétaires et les 'pauvres', entraînant la révolte des Croquants.

Tintin et le temple du soleil
13 décembre 1969. Un film d'animation comme il en existe beaucoup à cette époque, très attendu comme à chaque fois. Idéal à l'approche des fêtes de fin d'année.

Easy Rider
13 mai 1969. Ce 'road movie' de deux motards épris de liberté parcourant l'Amérique, réalisé par l'acteur Dennis Hopper, est devenu un emblème de la génération hippie. Lorsque le film est présenté au festival de Cannes, le 13 mai, il faut attendre une minute après la fin pour entendre un tonnerre d'applaudissements et voir le film remporter le prix de la première œuvre.

Les aventures de Babar
24 décembre 1969. Issu de l'œuvre de Jean de Brunhoff et de sa femme Cécile, Babar et son univers a été créé en 1931 à travers de nombreux ouvrages. La première version animée à la télévision apparait fin 1969, la veille de Noël. Ce personnage est emblématique pour les petits enfants. Tout le monde connait Babar, en peluche, en figurine, en dessin, en livre, en animation : il fait partie du patrimoine !

MUSIQUE

Bardot - Birkin
Février. En 1967, Brigitte Bardot demande à Serge Gainsbourg d'écrire la plus belle chanson d'amour de tous les temps. Ils enregistrent ensemble *Je t'aime... moi non plus* et veulent la publier, mais Gunter Sachs, le mari de Bardot, y met un terme. Deux ans plus tard, Gainsbourg rencontre la jeune actrice britannique Jane Birkin et lui dédie cette chanson. La sortie est accompagnée d'une controverse dans toute l'Europe. De nombreux pays interdisent la diffusion de la chanson à la radio. Aux Pays-Bas, la reine se plaint au conseil d'administration de la maison de disques Philips. En France, la pochette porte la mention « Interdit aux moins de 21 ans ». Tout cela ne fait que renforcer l'engouement mondial pour la chanson.

Oh lady Mary
La chanson phare de David Alexandre Winter, sortie en France en avril 1969, fait un carton : plus de 500 000 exemplaires. On revoit ce chanteur très beau garçon avec son emblématique chemise à jabot. La suite est moins rose, il partira en 1976 pour les Etats-Unis quittant femme et enfants dont sa fille Ophélie Winter, née en 1974, qui fera carrière un temps dans la chanson entre les années 1994 et 2004.

La comédie musicale *Hair*
30 mai 1969. Hair est une comédie musicale rock venue des Etats-Unis. La comédie est un succès, car elle porte le mouvement hippie et pacifiste. Elle s'exporte à Paris où son adaptation crée quelques remous suite à des scènes dénudées. En France, les chansons seront portées par Julien Clerc et Gérard Lenorman.

Woodstock
15-18 août 1969. Situé à 80 km au nord de New York, le festival prévu pour accueillir 50 000 personnes va en accueillir 10 fois plus ! C'est un festival légendaire avec au programme des pointures comme Jimi Hendrix, Janis Joplin, The Who, Santana, Joe Cocker, et bien d'autres. L'atmosphère prévue sera au rendez-vous : paix, amour, camaraderie, tolérance, bienveillance. Un vrai must de la liberté, une preuve qu'il est possible de vivre en harmonie avec les autres !

Les chansons marquantes
Que je t'aime de Johnny Hallyday, toujours un succès de nos jours ! *Tous les bateaux, tous les oiseaux* de Michel Polnareff, *Comment te dire adieu* de Françoise Hardy, *Le métèque* de Georges Moustaki, *La Californie* de Julien Clerc, *Lay lady lay* de Bob Dylan, *Lindberg* de Robert Charlebois et Louise Forestier ou encore *C'est extra* de Léo Ferré.

1969

Joe Dassin
Joe Dassin est au sommet de sa gloire. Chanteur franco-américain, il est célèbre pour ses ballades mélodiques et sa voix chaude. Né à New York, fils du cinéaste Jules Dassin, il conquiert rapidement le public francophone, et en particulier le public féminin, avec des tubes intemporels comme *Les Champs-Élysées* et *Et si tu n'existais pas*. Son style musical est varié allant du folk au pop. Son décès prématuré à l'âge de 41 ans laissera un vide dans le monde de la chanson française.

MES 18 PREMIÈRES ANNÉES

TOP 10 1969

1. **Bee Gees** *I Started A Joke*
2. **Joe Dassin** *Les Champs-Elysées*
3. **Gainsbourg & Birkin** *Je t'aime… moi non plus*
4. **Johnny Hallyday** *Que je t'aime*
5. **Ennio Morricone** *L'homme à l'harmonica*
6. **Georges Moustaki** *Le métèque*
7. **Elvis Presley** *Suspicious Minds*
8. **Shocking Blue** *Venus*
9. **David Alexandre Winter** *Oh lady Mary*
10. **Zager & Evans** *In the Year 2525*

Open | Search | Scan

Moustaki
Giuseppe Mustacchi est arrivé à Paris en 1951, en provenance d'Égypte. Il adopte le prénom de Brassens pour devenir Georges Moustaki. En 1959, il écrit *Milord* pour Édith Piaf, son amante. Il écrit, dans l'esprit engagé de Mai 68, *Le métèque*. Il s'agit d'un terme injurieux qu'il réinvestit d'une connotation poétique et rêveuse.

Le Festival d'Amougies
24 octobre 1969. Jean Georgakarakos, patron du disque, veut organiser le premier grand festival de rock en France. Mais on craint les émeutes suite au climat politique tendu de l'après Mai 68. Le ministère de l'Intérieur l'interdit. Puis c'est le départ pour la Belgique. Le festival 'interdit' atterrit finalement à Amougies. Il dure 5 jours et forme un mariage exclusif de jazz (Archie Shepp, Don Cherry) et de rock (Pink Floyd, Yes, Soft Machine). Le présentateur est Frank Zappa.

SPORT

Porsche aux 24 heures du Mans
14 juin 1970. Porsche remporte enfin les 24 heures du Mans, avec la célèbre Porsche 917. Gérard Larrousse, pilote français, et Willi Kauhsen, finissent deuxième après Hans Herrmann et Richard Attwood, lui aussi sur une Porsche 917. Cette course servira de support au film *Le Mans* tourné avec Steve Mc Queen (voir ci-dessous).

Coupe du monde de Pelé
21 juin 1970. Le Brésil bat l'Italie 4-1 en finale de la Coupe du Monde au Mexique. Au-delà du titre, cette compétition met en avant un footballeur d'exception, Pelé, une icône dans son pays. Il gagne trois fois la coupe du monde (1958, 1962 et 1970). Il marque le match de son empreinte : un but et deux passes décisives.

AS St-Etienne championne de France
23 juin 1970. L'équipe de l'AS Saint-Etienne est championne de France pour la sixième fois, la quatrième année consécutive et remporte aussi la Coupe de France.

Le PSG voit le jour
12 août 1970. La fusion du Stade Saint-Germain et du Paris Football donne naissance au Paris Saint-Germain Football Club (PSG). Il entrera en division 1 à partir de la saison 1971-72 avec une modeste 16e place sur 20 clubs.

Jochen Rindt champion posthume de F1
5 septembre 1970. Après cinq victoires en Grand Prix de Formule 1, l'Autrichien Jochen Rindt occupe la première place au championnat du monde des pilotes. Mais il est accidenté sur le circuit de Monza, en Italie. Il décède dans l'ambulance l'emmenant à l'hôpital. Toutefois, aucun autre pilote n'arrivera à dépasser son capital de points et il sera sacré champion du monde à titre posthume.

18-21 JAN 1970
2 lycéens s'immolent par le feu à Lille pour exprimer leur dégoût de la société.

26 FEV 1970
La police intervient sur le campus de Nanterre où de violents affrontements font plusieurs dizaines de blessés.

12 MAR 1970
Le premier turbotrain met 2 heures pour rallier Paris à Caen.

ACTUALITES

Voler pour redistribuer
8 mai 1970. Attaque de Fauchon, entreprise de gastronomie de luxe, par un commando maoïste qui distribuera le butin dans des bidonvilles !

SMIG ou SMIC ?
2 janvier 1970. L'ancien SMIG devient le SMIC : Salaire Minimum Interprofessionnel de Croissance. On fixe un standard minimum de rémunération pour un horaire mensuel donné, indexé sur la hausse des prix.

Kickers
Créée en 1970, la marque Kickers propose une large gamme de chaussures. Son fondateur, le Français Daniel Raufast a l'idée de créer une chaussure qui va pouvoir 'matcher' avec les jeans. C'est un nouveau concept, une chaussure faite en nubuck, ressemblant à une botte courte avec une semelle en caoutchouc naturel, des œillets et une couture en contraste comme les jeans. En 1974, les Kickers sont vendues dans plus de 70 pays !

Les écrivains nous quittent
1er septembre 1970. Le décès de François Mauriac, auteur de *Thérèse Desqueyroux*, *Le nœud de vipères* et *Les Thibault*. Le 9 octobre, l'écrivain et cinéaste Jean Giono connu pour ses romans *Regain*, *Le Hussard sur le toit* et *Les âmes fortes*, nous quitte.

Combien ça coûte ?
La baguette de 300 grammes coûte 60 centimes de francs soit 10 centimes d'euros, et en se basant sur le SMIC, elle est en proportion 2 fois moins chère aujourd'hui ! En effet, il faut 10 minutes de temps de travail pour se payer une baguette en 1970, et seulement 5 minutes en 2022. De même, pour l'essence qui vaut 1,10 francs, soit 0,17 euros le litre. Avec le même raisonnement basé sur le coût horaire du SMIC, l'essence est 2 fois moins chère aujourd'hui, étonnant non ?

Le look des années 70
C'est la décennie de la fluidité dans les matières et les coupes, avec une explosion de couleurs, de motifs variés et psychédéliques. New York devient la capitale de la mode, portée par des stylistes comme Halston. Ses créations sont minimalistes et confortables, portées par ses célèbres clientes dans des lieux emblématiques comme le Studio 54, et par le grand public par le biais de ses licences.

27 AVR 1970
L'écrivain et philosophe Jean-Paul Sartre accepte la direction du journal *La Cause du Peuple*.

MAI 1970
En France, 300 000 avortements sont pratiqués clandestinement par an.

15 JUN 1970
Des tornades ravagent Sarrebourg et les communes au nord de Toulouse.

Concorde atteint Mach 2
4 novembre 1970. Avec aux manettes le légendaire pilote d'essai, André Turcat, le Concorde atteint enfin la vitesse de Mach 2, soit environ 2 155 km/h pendant plus de 50 minutes.

La discothèque 5-7 prend feu
1er novembre 1970. Drame immense en Isère, la discothèque prend feu accidentellement et 146 personnes périssent dans l'incendie. Cette affaire a au moins le mérite de modifier les normes de sécurité des établissements accueillant du public.

La censure sévit !
17-23 novembre 1970. Censure du journal satirique *Hara-Kiri*, le journal est interdit de parution à la suite d'un titre déplacé : « Bal tragique à Colombey : un mort », faisant allusion au décès du Général de Gaulle et à l'incendie de la discothèque le 5-7 : irrévérence totale !

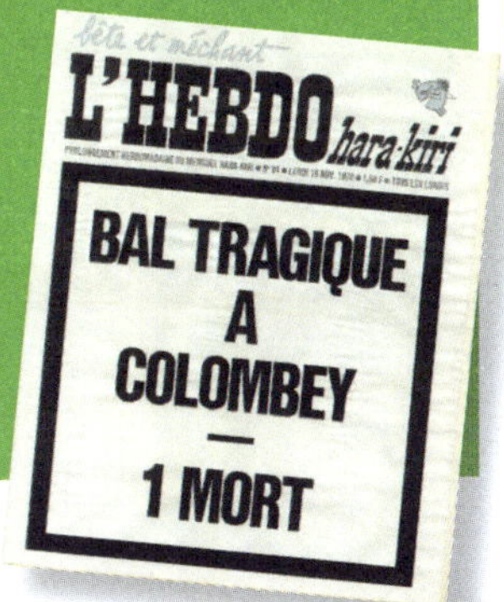

L'autoroute A6 Paris-Lyon inaugurée
29 octobre 1970. Georges Pompidou, président de la République, inaugure lui-même l'autoroute au volant d'une Renault R16, c'est ce qu'on appelle « mouiller le maillot » !

L' A7 sous la neige !
29 décembre 1970. Des chutes de neige importantes, 60 à 80 cm vont faire vivre un cauchemar à 10 000 automobilistes bloqués sur l'autoroute A7 qui est fermée par la suite pendant 4 jours.

Régis Debray libéré
23 décembre 1970. Engagé aux côtés de Che Guevara, Debray est arrêté. Après 4 ans d'emprisonnement et de torture en Bolivie, il est enfin libéré.

Avalanche à Val d'Isère
10 février 1970. L'avalanche dévaste le centre UCPA de Val d'Isère. Le bilan est catastrophique : 46 morts et 37 blessés sur un total de 194 vacanciers. C'est un choc national. Une autre catastrophe surviendra quelques semaines plus tard amenant les autorités à prendre en compte les risques naturels et à être vigilants.

9 JUL 1970
La durée du service militaire est ramenée à 1 an par la loi Debré.

26 AOÛ 1970
Les militantes du Mouvement de Libération des Femmes (MLF) célèbrent la femme du soldat inconnu.

1 SEP 1970
Grève de la faim de 29 militants gauchistes emprisonnés pour obtenir le statut de prisonnier politique.

1970

POLITIQUE

L'adieu du Général de Gaulle
9 novembre 1970. La France pleure la perte du général Charles de Gaulle, qui décède à Colombey-les-Deux-Églises. Né en 1890, de Gaulle va jouer un rôle prépondérant lors de la Seconde Guerre mondiale en dirigeant la France libre depuis Londres à partir de 1940. Fondateur de la Cinquième République en 1958, il est alors élu président de la République. Sa politique à l'égard de l'Algérie (1954-1962) a été complexe, partant de la tentative de maintenir une Algérie française vers la reconnaissance de son indépendance. Ces événements ont entraîné des répercussions profondes en France et en Algérie, laissant des traces durables dans l'histoire et la mémoire collective des deux nations. Puis arrive Mai 68 à Paris et surtout le référendum du 27 avril 1969 après lequel il démissionne. De Gaulle reste une figure incontournable, célèbre pour son leadership, sa vision politique et son rôle dans la reconstruction de la France d'après-guerre.

ACTUALITES INTERNATIONALES

Le conflit israélo-arabe
L'URSS, début février, fait livrer de nombreuses armes à l'Egypte, en particulier des missiles sol-air et des canons terre-air. Malgré cela, la suprématie aérienne reste du côté israélien, surtout après l'énorme revers aérien pour les Russes : 5 avions MIG sont abattus le 30 juillet. Moscou fera alors pression sur les Egyptiens pour accepter un cessez-le-feu le 7 août.

Apollo 13 ou la guigne
14 avril 1970. La mission Apollo 13 emmène pour la troisième fois des êtres humains vers la Lune. Mais cette fois c'est un échec à cause de l'explosion du réservoir d'oxygène de la capsule, deux jours après le lancement de la fusée. A bord, l'astronaute Jack Swigert lancera un message resté célèbre : « Okay, Houston ... we've had a problem here ! » transformé dans le film éponyme de 1995 et prononcé par Tom Hanks : « Allo Houston, nous avons un problème ! »

Fin de la guerre du Biafra
15 janvier 1970. La guerre civile se termine au Nigeria. La région rebelle du Biafra capitule après trois années de guerre atroce.

10 OCT 1970
Inondations dans la région de Carcassonne où il tombe 200 mm de pluie en moins de 2 jours.

23 NOV 1970
Parution du premier numéro du magazine satirique *Charlie Hebdo*.

1 DÉC 1970
Le Vatican est sous le choc. Le divorce vient d'être autorisé en Italie.

Tremblement de terre au Pérou
31 mai 1970. Avec une magnitude de 7,9 sur l'échelle de Richter, c'est la plus grande catastrophe naturelle à laquelle le Pérou a dû faire face. Le bilan sera effroyable : 75 000 morts, 25 000 disparus et 200 000 blessés.

Le barrage d'Assouan est prêt
21 juillet 1970. La construction du barrage d'Assouan sur le Nil en Égypte a duré dix ans et s'est enfin achevée en 1970. C'est un projet pharaonique : d'une hauteur de 111 mètres et d'une longueur de 3 830 mètres, le barrage a créé le lac Nasser, aidant à réguler les crues, à générer de l'énergie hydroélectrique et à soutenir l'agriculture dans la région.

Salvador Allende président du Chili
4 septembre 1970. Salvador Allende, leader socialiste, est élu président du Chili. Allende dirige le gouvernement de l'Unité populaire qui vise à mettre en œuvre des réformes sociales et économiques.

Septembre noir
'Septembre noir' fait référence aux événements dramatiques qui se déroulent en Jordanie de septembre 1970, jusqu'à l'été 1971. Le roi Hussein restaure l'autorité de la monarchie dans son pays suite à de nombreuses tentatives palestiniennes de le renverser. La violence des combats fera plusieurs milliers de morts.

Décès de Nasser
28 septembre 1970. Gamal Abdel Nasser décède d'une crise cardiaque à 52 ans. Nasser est devenu le deuxième président de l'Égypte en 1956. Fervent défenseur du panarabisme, il a nationalisé le canal de Suez provoquant la 'crise de Suez'.

Le cyclone de Bhola
12-13 novembre 1970. Le cyclone s'abat sur le Bengladesh, alors appelé Pakistan oriental et sur l'Inde. On estime le nombre de morts entre 300 000 officiellement et 500 000 officieusement.

VOUS SOUVENEZ-VOUS ?

Cendrier sur pied

Assad au pouvoir en Syrie
13 novembre 1970. Hafez El-Assad orchestre un coup d'État en Syrie, renversant le président Salah Jadid. C'est le troisième coup d'Etat que subit le pays depuis 1963. Hafez El-Assad devient président, inaugurant une période d'autoritarisme qui persiste avec son fils Bachar lui succédant en 2000.

L'empire Virgin
L'homme d'affaires britannique Richard Branson donne de lui-même l'image d'un 'enfant terrible', doublé d'un hippie. Il se fait notamment connaître par le lancement du label musical Virgin en 1970, soutenu par le premier disque du multi-instrumentiste Mike Oldfield, *Tubular Bells*, un véritable succès mondial. Branson lancera en 1984 sa compagnie aérienne Virgin Atlantic. Il met en exergue ses marques de façon particulièrement spectaculaire. C'est ainsi que l'on peut lire sur la carlingue de ses avions « le mien est plus grand que le vôtre ».

Willy Brandt sur les genoux
7 décembre 1970. Le Chancelier de la République Fédérale d'Allemagne, Willy Brandt, est salué dans les médias du monde entier lorsqu'il s'agenouille devant le monument rendant hommage aux victimes du ghetto de Varsovie.

Les années radicales
Le combat pacifiste des hippies fait bientôt place à des manifestations plus radicales. Des groupes de gauche comme La Rote Armee Fraktion en Allemagne ou les Brigades Rouges en Italie défrayent l'actualité par leur action violente, tout comme l'ETA en Espagne ou l'IRA en Irlande. Et d'autres actes terroristes comme ceux de l'OLP palestinien vont s'enchaîner : prises d'otages, détournement d'avions, attentats à la bombe font la une de la presse.

DIVERTISSEMENT

***MASH* primé à Cannes**
16 mai 1970. Le Grand Prix du Festival de Cannes est attribué au film *MASH* de Robert Altman. Le film dépeint la Guerre de Corée (1950-1953) avec une vision décalée, sous forme d'une comédie satirique. Le film inspirera plus tard une série télévisée.

La copocléphilie !
Le milieu des années 60 et le début des années 70 coïncident avec un engouement sans pareil pour la collection des porte-clefs, véritables supports publicitaires qui se sont développés grâce à l'essor de la fabrication des objets en plastique.

Aujourd'hui Madame

19 mai 1970. Première diffusion de cette émission de l'après-midi avec des reportages et des débats en plateau sur des thèmes de société intéressant le public féminin.

Côté cinéma…

L'ours et la poupée avec Brigitte Bardot et Jean-Pierre Cassel, est une comédie légère avec deux acteurs en vogue. Dans *Les choses de la vie* avec Michel Piccoli et la magnifique Romy Schneider où elle interprète *La chanson d'Hélène* sur une mélodie inventée par Philippe Sarde. On change de registre avec le film musical *Peau d'Ane* réalisé par Jacques Demy avec Jean Marais et Catherine Deneuve. L'oeuvre initiale dont s'inspire le film est un conte merveilleux de Charles Perrault écrit en 1694 !

Colargol, l'ours qui chante…

9 novembre 1970. C'est l'arrivée de l'émission *Les aventures de Colargol*, un petit ours qui chante : « C'est moi qui suis Colargol, l'ours qui chante en fa en sol. En do dièse en mi bémol. En gilet et en faux-col ». Le décor est poético-bucolique avec ses petits amis de la forêt. Dans ce même mois débute le dessin animé *Satanas et Diabolo* à la tête d'une escadrille de « bras cassés devant intercepter Zéphyrin le pigeon voyageur ! ».

Le dernier acte de Bourvil

23 septembre 1970. date du décès d'André Bourvil, de son vrai nom André Raimbourg. Il a marqué l'histoire du cinéma français par sa personnalité attachante et son talent polyvalent. Bourvil participe à de nombreuses comédies à succès, notamment aux côtés de Louis de Funès dans *Le Corniaud* et *La Grande Vadrouille* ou *La traversée de Paris* avec Jean Gabin ou encore *Le cerveau* avec Jean-Paul Belmondo. On saluera aussi sa performance d'acteur dans un film plus sombre : *Le Cercle rouge*. Bourvil est également un chanteur populaire, interprétant des chansons humoristiques ou délicates comme *La Tendresse*, *Le petit bal perdu*, *Ballade irlandaise*, *Salade de fruits* et *Les crayons*.

Les Banana Splits

16 septembre 1970. Sortie d'une émission américaine de déjantés animée par *Les Banana Splits*, une équipe de musiciens rock sous des costumes de singe, chien, éléphant : un côté 'cartoon' et un peu hippie, un autre art de vivre, exotique à souhait !

1970

MUSIQUE

La fin des Beatles
Après des grandes périodes de tension et des désaccords artistiques, Paul McCartney annonce officiellement son départ des Beatles. Le 10 mai, le douzième et dernier album du groupe sort, c'est un carton dont la chanson éponyme *Let it be* occupera les premières places des ventes en Europe comme aux Etats-Unis.

La dernière chanson de Mariano
14 juillet 1970. Luis Mariano est considéré comme une icône de la chanson française, notamment grâce à son rôle dans des opérettes et opéras-comiques. Il connait une renommée internationale avec des succès tels que *Mexico et La Belle de Cadix*. Sa voix chaude et son charisme sur scène nous manqueront.

Chansons emblématiques
On se rappelle *Laisse-moi t'aimer* de Mike Brant, *L'aigle noir* de Barbara, *Les bals populaires* de Michel Sardou et *Ma vie c'est un manège* de Nicoletta. Côté anglo-saxon, on se souvient de *Bridge over troubled water* de Simon & Garfunkel (photo), de *In the Summertime* de Mungo Jerry et de *Lady d'Arbanville* de Cat Stevens.

Le festival de l'île de Wight
26 août 1970. L'un des premiers festivals de musique en plein air rassemble des milliers de jeunes sur l'île de Wight, dans la Manche. La scène y accueille notamment Procol Harum, The Doors, The Who, Jimi Hendrix, Supertramp et Joan Baez.

Feu Jimi Hendrix
18 septembre 1970. Le déjà légendaire guitariste américain Jimi Hendrix décède à l'âge de 27 ans d'une overdose de somnifères et/ou d'autres drogues. Ce musicien pionnier reste une référence et une légende.

Les Doors ferment la porte

12 décembre 1970. Dernière prestation du groupe The Doors avec son chanteur Jim Morrison à La Nouvelle-Orléans. Sous l'emprise de la drogue, Jim casse tout sur scène et pourrit le concert par son attitude de forcené sans limite. Clap de fin pour lui sur scène avec le groupe.

Avec le temps

Léo Ferré enregistre sa chanson la plus réussie *Avec le temps*. Il l'écrit après sa rupture avec sa seconde femme Madeleine Rabereau. Ferré lui reproche la mort de Pépee, la femelle chimpanzée qu'ils avaient adoptée et traitée comme leur fille. Sa déception amoureuse est grande. Elle aboutit à un divorce après des années de bataille juridique. La liste des reprises est gigantesque. Presque tous les grands artistes français, de Dalida à Henri Salvador, l'ont sorti. Il existe des versions en portugais, en coréen et en tunisien, et des grands noms du jazz comme Abbey Lincoln et Brad Mehldau s'approprient également *Avec le temps*.

Tu veux, tu veux pas

C'est la chanson d'une vie pour Marcel Zanini, chanteur, jazzman, clarinettiste : un million de disques vendus. On reconnait aussi le succès d'une chanson à ses reprises : Brigitte Bardot en 1970, Evelyne Leclercq (présentatrice de télévision) en 1988, Régine, la diva des nuits parisiennes en 1996 ou encore Amel Bent (2012) puis Elodie Frégé (2013).

Julien Clerc

Il est considéré comme l'une des figures emblématiques de la chanson française, ayant marqué plusieurs générations avec son style unique et ses mélodies intemporelles. Il se fait tout d'abord remarquer dans la comédie musicale *Hair*, puis il enchaine les succès avec des chansons comme *La Californie*, *Ce n'est rien* et *Si on chantait*. Au fil des décennies, Julien Clerc va changer de paroliers et explorer différents styles musicaux, passant du pop au jazz en passant par la variété française.

Magma
Christian Vander fait un rêve inspirant sur l'avenir écologique et spirituel de la planète. Il crée alors Magma, un groupe qui combine le free jazz, la musique classique et l'art rock dans ce que Vander appelle le 'zeuhl'. Cela signifie céleste en 'kobaïen', une langue qu'il a lui-même inventée. Magma débute avec *Kobaïa*, le premier double album de l'histoire du rock français. Le disque raconte l'histoire d'un groupe de personnes fuyant la Terre condamnée pour aller vivre sur la planète Kobaïa. Magma ne devient jamais un grand succès commercial mais gagne des adeptes dans le monde entier.

MES 18 PREMIÈRES ANNÉES
TOP 10 1970

1. **Black Sabbath** *Paranoid*
2. **The Beatles** *Let It Be*
3. **Mike Brant** *Laisse-moi t'aimer*
4. **Joe Dassin** *C'est la vie, Lily*
5. **Léo Ferré** *Avec le temps*
6. **Elton John** *Your Song*
7. **M. Hamilton** *Comme j'ai toujours envie d'aimer*
8. **Mungo Jerry** *In The Summertime*
9. **Michel Sardou** *J'habite en France*
10. **Simon & Garfunkel** *Bridge Over Troubled Water*

Open | Search | Scan

Mike Brant
Sylvie Vartan est impressionnée par la performance de l'artiste israélien Moshe Brand à l'hôtel Hilton de Téhéran. Elle l'incite à tenter sa chance à Paris. Le jeune homme auditionne avec le célèbre parolier Jean Renard. Ce dernier, séduit par la voix et la présence de Moshe Brand, lui propose une composition que Johnny Hallyday et Dick Rivers ont refusé. *Laisse-moi t'aimer* de Mike Brant atteint la première place des charts français et israéliens. Le chanteur enchaîne les succès mais se suicide en 1975.

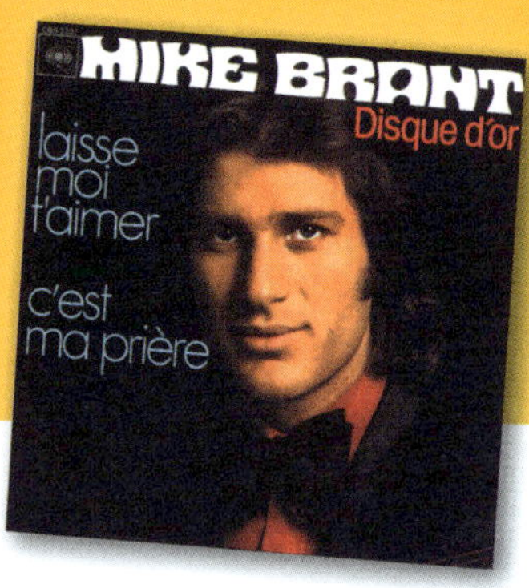

L'aigle noir
C'est la chanson emblématique de Barbara. Succès intemporel grâce aux paroles profondes, empreintes de mystère, intrigante, qui ont suscité plusieurs hypothèses quant à leur sens : référence au troisième Reich (Barbara est issue d'une famille juive alsacienne) ou d'un inceste de la part de son père ? On sent bien en tous cas dans cette chanson une intensité particulière, une émotion à fleur de peau. La chanson fait partie du patrimoine des chansons françaises au même titre que *Mistral gagnant* de Renaud ou *Ne me quitte pas* de Jacques Brel.

SPORT

L'année Merckx
Cette année-là, Eddy Merckx remporte 54 courses avec un ratio de 45% de victoires, inouï ! Il gagne en particulier le Tour de France, le championnat du monde et de nombreuses classiques : Paris-Nice, Milan-San Remo, Liège-Bastogne-Liège et le Grand Prix du Midi Libre. Avec son maillot Molteni, il va occuper le devant de la scène jusqu'en 1975.

A

B

Karatéka Valera
4 mai 1971. Dominique Valera va truster les titres européens de karaté de 1969 à 1972. Le 4 mai, il remporte le championnat d'Europe de karaté. Tout au long de sa carrière, il décroche des titres en tout genre, y compris celui de vice-champion du monde. Il est connu aussi comme coach sportif dans les films d'action dans les années 70/80.

Football au féminin
En 1921, l'Angleterre interdit le football féminin « indécent ». Changement de bord en 1969 : les femmes peuvent désormais jouer au football. Deux ans plus tard l'UEFA appelle les fédérations nationales à mettre un terme à cette interdiction.

Rugby à XIII vous connaissez ?
23 mai 1971. Il y a le rugby à XV que tout le monde connait, mais il y a aussi son cousin, le rugby à XIII ou jeu à XIII. En 1971, 14 équipes françaises se disputent le titre de champion de France : c'est Saint-Estève qui gagne 13 à 4 contre Saint-Gaudens.

Le combat du siècle
8 mars 1971. Le combat légendaire entre Muhammad Ali et Joe Frazier à New York est souvent appelé le 'combat du siècle'. Les deux boxeurs sont invaincus avant ce match. Frazier a réussi à prendre le dessus sur Ali à partir de la 12e reprise puis surtout à la 15e reprise avec un puissant crochet du gauche. Ali est compté, et Frazier remporte le combat par décision unanime. C'est la première défaite professionnelle d'Ali.

C

1 JAN 1971
La France compte 1 833 supermarchés et hypermarchés.

5 FEV 1971
Atterrissage sur la lune de la mission Apollo 14 et du module lunaire Antares.

29 MAR 1971
Le lieutenant William Calley est reconnu coupable du massacre en 1968 du village vietnamien My Lai.

1971

Double double !
6 juin 1971. Décidemment, Françoise Dürr persiste et signe, elle remporte à nouveau 2 titres en double : double dame et double mixte à Roland-Garros.

VOUS SOUVENEZ-VOUS ?

Champignon à tricoter

Marseille champion de France de football
L'Olympique de Marseille gagne le championnat devant Saint-Etienne. On retient particulièrement la rivalité des buteurs stars de chaque équipe, respectivement Josip Skoblar avec 44 buts et Salif Keïta 42 buts en 38 journées de championnat.

Cevert maître de la Formule 1
3 octobre 1971. Deuxième au Grand Prix de France derrière l'inaccessible Jacky Stewart, François Cevert remporte en octobre sa première victoire en Formule 1 au Grand prix des Etats-Unis sur le circuit de Watkins Glen.
Il termine 3e au classement général.

ACTUALITES

Ministre de la nature
7 janvier 1971. La création du ministère de la Protection de la nature et de l'environnement est un premier pas vers l'écologie, le poste est tenu par Robert Poujade.

Coco Chanel
10 janvier 1971. Gabrielle Chasnel dite Coco Chanel, née en 1883, vient d'un milieu modeste. Elle apprend le métier de couturière et cherche à s'émanciper en côtoyant les jeunes hommes de bonne famille. Elle crée sa première boutique vers 1910. Elle se fait ensuite connaître par ses parfums dont le fameux Numéro 5 de Chanel. Après la guerre, elle fera son grand retour à partir des années 50 avec en particulier son sac matelassé à chaine dorée.

Parcmètres à Paris
C'est autour de la Place des Pyramides que les premiers parcmètres sont installés à Paris. Pour la surveillance et les contraventions, une équipe 'd'aubergines' - des employées municipales vêtues d'une tenue couleur bordeaux - a été mise en place.

6 AVR 1971
Décès du compositeur russe Igor Stravinsky.

3 MAI 1971
Erich Honecker devient le nouveau dirigeant de l'Allemagne de l'Est.

26 JUN 1971
Jean-Paul Sartre est inculpé pour diffamation contre la police.

1971

Yves Saint Laurent se libère

29 janvier 1971. Yves Saint Laurent présente une collection de haute couture audacieuse baptisée Libération. Inspirée par la mode de la Seconde Guerre mondiale et influencée par Paloma Picasso, la collection choque avec ses manteaux en renard, chaussures compensées, turbans, et maquillages avant-gardistes.

Le Pont de Noirmoutier

7 juillet 1971. C'est l'inauguration d'un pont situé en Vendée, permettant d'accéder à l'ile de Noirmoutier. En parallèle, il existe toujours une autre route, le 'passage du Gois', plus de 4 kilomètres, dangereuse, car recouverte à marée haute.

Renault en grève

2 avril - 25 mai 1971. Gros mouvement de grève qui touchera jusqu'à 5 500 ouvriers au Mans, le 6 mai, et d'autres usines Renault suite à des ruptures d'approvisionnement de pièces. L'enjeu : une meilleure prise en compte des conditions de rémunération des ouvriers et une égalité salariale à travail égal.

Manifeste des 343

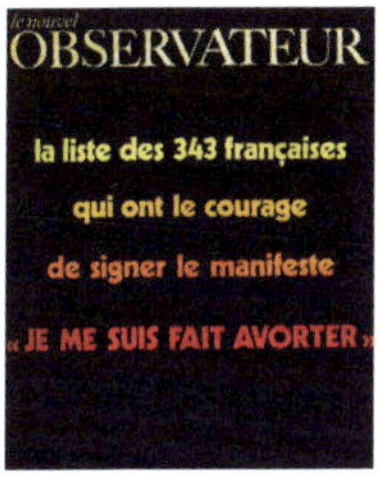

5 avril 1971. Paru dans *Le Nouvel Observateur*, ce manifeste rédigé par Simone de Beauvoir, va réunir des centaines de signatures dont 343 seront retenues par le magazine. C'est le début d'un processus inexorable vers la légalisation de l'avortement.

Les Halles de Paris détruites

12 juillet 1971. L'histoire commence par le transfert du marché des Halles à Rungis et à La Villette en 1969. Puis après 2 ans, la démolition commence. On note que 2 pavillons Baltard sont conservés, les autres bâtiments étant vendus en tant que ferraille.

Numerus Clausus pour les études de santé

12 juillet 1971. Une nouvelle loi doit limiter le nombre de prescripteurs et donc limiter la dépense de la sécurité sociale. Le Numerus Clausus est supprimé en 2020, bien trop tard, laissant aujourd'hui un manque cruel de praticiens dans des 'déserts médicaux'.

6 JUL 1971

Décès du trompettiste et chanteur légendaire, Louis Armstrong (69 ans).

15 AOÛ 1971

Le président américain Richard Nixon annonce la suspension de la convertibilité du dollar en or.

SEP 1971

Le Kenbak-1 devient le premier ordinateur personnel à circuits intégrés disponible dans le commerce.

1971

La Brigade Anti-Criminalité
1er octobre 1971. Il s'agit en fait de la première Brigade Anti-Criminalité (BAC) départementale à Saint Denis pour lutter au plus près la criminalité avec des méthodes « militaires ».

Miss France
31 décembre 1970. La 41e élection de Miss France a lieu à l'Hôtel Frantel, à Rungis. Myriam Stocco, 21 ans, 1,75 m, Miss Languedoc 1970, remporte le titre et succède à Micheline Beaurain, Miss Paris 1969.

Hotpants
À la fin des années 60, l'industrie de la mode tente de promouvoir la jupe midi ou jupe mi-longue. Mais le short très court devient vite plus populaire que la jupe. Le hotpant est l'héritage de la minijupe qui raccourcit d'année en année. Des stylistes comme Yves Saint Laurent, Valentino, Courrèges et Dior l' incluent dans leurs défilés.

Piratage à Orly
3 décembre 1971. L'aventurier Jean Kay tente une prise d'otage à Orly dans un avion de la Pakistan International Airlines, Il réclame l'envoi immédiat de médicaments au Bangladesh. L'affaire tournera court avec son arrestation musclée.

POLITIQUE

Les GAM gagnent du terrain
14 - 21 mars 1971. Lors des élections municipales, les Groupes d'Action Municipaux (GAM) constituent une sorte d'expérience de démocratie participative face aux groupes politiques classiques peu pragmatiques. On compte alors 150 GAM en France.

Mitterrand à la tête du Parti Socialiste
16 juin 1971. C'est à Epinay-sur-Seine que François Mitterrand devient le premier secrétaire du Parti Socialiste sur une idée d'union de la gauche et en vue des prochaines élections présidentielles.

Rolodex

17 OCT 1971
Le journaliste et politicien Jean-Jacques Servan-Schreiber devient président du Parti radical.

15 NOV 1971
Intel lance la première puce électronique, la 4004.

DÉC 1971
Le prix Nobel de la paix est attribué au chancelier ouest-allemand Willy Brandt.

ACTUALITES
INTERNATIONALES

Le 'boucher de l'Afrique'
25 janvier 1971. Le général Idi Amin Dada prend le pouvoir en Ouganda, profitant d'un voyage à l'étranger du président en place, Milton Obote. Le général se transforme vite en dictateur impitoyable et sanguinaire, ce qui lui vaudra le surnom de 'boucher de l'Afrique'.

Le conflit Nord-Irlandais
6 février 1971. Ce conflit oppose les nationalistes catholiques, qui souhaitent une Irlande unifiée, aux unionistes protestants, favorables au maintien de l'Irlande du Nord au sein du Royaume-Uni. L'IRA, les groupes paramilitaires protestants ainsi que les forces de sécurité britanniques, sont des acteurs majeurs. Le Good Friday Agreement ouvre la voie à une paix durable en établissant un gouvernement décentralisé en Irlande du Nord.

Droit de vote à la Suissesse
7 février 1971. Le droit de vote des femmes en Suisse se fait lors d'un référendum, voté seulement par des hommes, avec un résultat de 67,5%. Autre temps, autre considération !

Bangladesh
26 mars 1971. La région est du Pakistan - aujourd'hui Bangladesh - proclame son indépendance. Le Pakistan y procède à un génocide, alors que l'Inde apporte son aide au Bangladesh, ce qui déclenche un conflit entre les 2 pays qui se termine après 13 jours.

Bébé Doc
21 avril 1971. 'Bébé Doc' Jean-Claude Duvalier, devient à 19 ans le nouveau président d'Haïti après la mort de son père François Duvalier. Son règne est marqué par des violations des droits humains, des milliers d'assassinats, et par la fuite massive de citoyens. Malgré la pauvreté du pays, il va mener un train de vie somptueux, en étant impliqué dans le trafic de drogue et d'organes.

Greenpeace
L'organisation écologiste Greenpeace fait parler d'elle lorsqu'elle proteste contre la décision américaine d'effectuer des essais nucléaires en Alaska. Le bateau de Greenpeace est intercepté alors qu'il se dirige vers l'île où doivent avoir lieu les essais. Mais les Américains finissent par renoncer aux essais. Greenpeace se battra aussi contre les essais nucléaires français.

1971

Une vague d'indépendance
Trois pays du Moyen-Orient trouvent leur indépendance : le Royaume du Bahreïn, le Qatar et les Emirats arabes unis.

Ordre de tirer
3 mai 1971. Erich Honecker succède à la tête du Conseil de défense Est-allemand à Walter Ulbricht. Il cherche le rapprochement avec l'Allemagne de l'Ouest. Mais à l'intérieur de son pays, les gens sont encouragés à s'espionner entre eux et au moindre pas de travers, ils se retrouvent dans les geôles de la Stasi (sécurité d'Etat). Honecker donne aux garde-frontières l'ordre de tirer sur toute personne qui tenterait de franchir la frontière avec l'Allemagne de l'Ouest.

Okinawa restitué au Japon
17 juin 1971. Plus de 25 ans après la fin de la guerre entre le Japon et les Etats-Unis, l'archipel Ryūkyū et l'archipel d'Okinawa sont rendus au Japon.

Persépolis
12-16 octobre 1971. L'Iran organise de somptueuses célébrations pour marquer le 2 500e anniversaire de la fondation de l'Empire Perse par le roi Cyrus le Grand (-530 avant JC). La 'Cérémonie de Persépolis' a lieu sur le site historique de Persépolis, ancienne capitale de l'Empire Perse. L'événement est soigneusement orchestré par le Shah Mohammad Reza Pahlavi pour promouvoir le nationalisme iranien et souligner l'ancienneté et la grandeur de la civilisation perse.

Les prémices d'internet
Aux Etats-Unis, des informaticiens parviennent à connecter 23 ordinateurs au réseau ARPANET, précurseur d'internet, développé à la demande du ministère de la Défense. Ces ordinateurs sont installés dans diverses universités. Avant la fin de l'année, le programmeur Ray Tomlinson parvient à envoyer un premier e-mail (courriel) vers un second ordinateur. Il utilise pour la première fois le symbole @ (arobase).

Du Congo au Zaïre
27 octobre 1971. Sous la houlette de Mobutu, le Congo (ex-belge) devient le Zaïre jusqu'au renversement du dictateur en 1997. Le pays reprend alors le nom de République démocratique du Congo.

Médecins Sans Frontières
20 décembre 1971. La Croix Rouge voit son travail perturbé pendant la guerre sanglante qui ravage le Biafra. 2 médecins français, Bernard Kouchner et Max Récamier, ne peuvent plus supporter d'assister à une situation à laquelle ils ne peuvent rien changer, alors que des milliers de personnes meurent de la guerre ou de la faim. Ils décident alors de mettre sur pied leur propre organisation. C'est ainsi que naît Médecins Sans Frontières.

DIVERTISSEMENT

Les nouvelles aventures de Vidocq
5 janvier 1971. Une série emblématique, nouvelle version donc jouée par Claude Brasseur (Vidocq), Danièle Lebrun (la baronne Roxane, un peu équivoque) et Marc Dudicourt dans un inspecteur Flambart truculent.

L'adieu de Fernandel
26 février 1971. Fernandel, acteur, chanteur et humoriste français, n'est plus. Son visage expressif et son accent marseillais vont contribuer à créer un personnage chaleureux et comique. Il va jouer dans plus de 130 films, tels que *Marius* et *Fanny*. On se souvient aussi de son rôle de Don Camillo.

A l'école
L'école, ce sont des odeurs comme le duplicateur à alcool pour faire des copies de documents à l'écriture violette. On repense aussi au calcul mental avec les ardoises et les craies ou encore la colle blanche à l'odeur d'amande. A l'extérieur on s'amuse aussi avec les vélos où on coince des cartes à jouer avec une épingle à linge pour faire du bruit, on peut aussi décorer les rayons avec les capsules plastiques de couleur des bouteilles de vin !!!

Les Six Compagnons
Dans la série de livres *Les Six Compagnons*, écrite par Paul-Jacques Bonzon, six garçons, une jeune fille et un chien mènent des enquêtes à La Croix-Rousse, un quartier de Lyon.

Arsène Lupin
18 mars 1971. Deux saisons pleines de péripéties avec un Arsène Lupin hyper classe en la personne de Georges Descrières. Belles voitures, belles femmes, des costumes d'époque, des bijoux (parfois volés), c'est une évasion à chaque épisode. On notera aussi le succès de deux chansons du générique interprétés par Jacques Dutronc : *L'Arsène* et *Gentleman Cambrioleur*.

1971

Albert Simon

7 avril 1971. Albert Simon est un homme de radio français, longtemps chargé du bulletin météorologique de la station Europe 1. Sa voix chevrotante, marquée par un accent levantin prononcé est restée dans la mémoire collective. En 1971 il apparaît, dans son propre rôle, au début du film *Laisse aller… c'est une valse* de Georges Lautner, dans les studios d'Europe 1.

Oum Le Dauphin

30 novembre 1971.
Une série d'animation franco-japonaise autour d'un dauphin Oum, de Yann (13 ans), de sœur Marina (7 ans) et de quelques animaux. C'est léger, c'est frais, la musique du générique est composée par Michel Legrand qui interprète lui-même la chanson.

Autocollants Panini

Les enfants peuvent improviser avec une petite balle des matchs de football, ils jouent aussi à différents jeux de billes et s'échangent des cartes autocollantes Panini sur le foot, le cyclisme, la moto, etc.

Simone Signoret

Elle fait partie des actrices françaises de référence. Elle remporte l'Oscar de la meilleure actrice en 1960 pour son rôle dans le film *Les chemins de la Haute Ville*. Simone Signoret va jouer dans une grande variété de films, abordant des rôles complexes et nuancés. Nous retenons *Casque d'Or* (1952), *Les Diaboliques* (1955), *Le chat* (1971) et *La Vie devant soi* (1977).

Le bodyboard

Le bodyboard est une planche courte et rectangulaire pour glisser sur les vagues, un parent éloigné du surf, où les participants se positionnent le ventre contre la planche et utilisent leurs bras et leurs palmes pour manœuvrer à travers les vagues, effectuant des virages et des figures codifiées. Ce sport est pratiqué dans les zones côtières avec des vagues propices.

Alice

Dès 1955, la série *Alice* (détective) en provenance des Etats-Unis, arrive en France à partir des années 1955, jusqu'en 1974. Toujours le thème des enquêtes, mais cette fois-ci, c'est une héroïne féminine : Alice !

1, 2, 3 Soleil
La cour de récréation est un lieu d'échanges, d'animation et de jeux. On y joue aussi bien au loup, à chat perché, à '1,2,3 Soleil', à cache-cache, à la marelle, ou on jette un caillou sur un dessin au sol avec des numéros, puis il faut parcourir le dessin à cloche-pied, ramasser la pierre au retour et recommencer avec la case numéro 2 et ainsi de suite.

Michel
Un héros et le nom d'une série de 39 romans d'aventures pour la jeunesse écrite par Georges Bayard de 1958 à 1985. C'est un adolescent de 15 ans qui vit en Picardie dans une famille classique. Il joue les détectives amateurs avec son cousin Daniel, ses amis Arthur et Martine, car il se retrouve souvent confronté à des situations mystérieuses.

Le jeu Pièges !
Ce jeu de société très simple marque son époque par des parties animées. Le principe est de faire tomber des billes dans des trous avec des systèmes de tirettes ouvrant ou fermant des trappes ou pièges, d'où le nom du jeu, un hit !

Le Ciné-Club
10 octobre 1971. Une émission consacrée au cinéma dit 'classique', diffusée le dimanche soir. Le générique est joué à l'orgue de barbarie et marque les esprits d'environ un million de fidèles, en quête de chefs-d'œuvre oubliés : une véritable cinémathèque à la maison.

Une série napoléonienne !
23 décembre 1971. Schulmeister espion de l'Empereur, interprété par Jacques Fabbri et sa voix particulière, est une série sur deux saisons inspirée de la vraie vie de Charles Louis Schulmeister. Costumes et décors de l'époque avec un brin d'humour et quelques pincées d'action pour un cocktail réussi dans ce genre si particulier.

MUSIQUE

Pour un flirt
19 mai 1971. Michel Delpech cherche une face B pour son single *Le blé en herbe*. Il écrit rapidement trois mots sur un bout de papier : « pour un flirt ». *Pour un flirt* devient le tube européen de l'été 1971.

Histoire de Melody Nelson
24 mars 1971. Sortie du premier album conceptuel de Serge Gainsbourg. Il travaille sur une histoire semi-autobiographique inspirée de *Lolita*, le livre de Nabokov. L'album a une influence durable. Air, Arctic Monkeys, Beck et Portishead s'en inspireront.

Club des 27
3 juillet 1971. Le chanteur Jim Morrison quitte son groupe, les Doors. Il déménage à Paris pour y écrire des poèmes et des textes de théâtre. Le 3 juillet, il est retrouvé mort dans sa baignoire. Morrison rejoint le 'Club des 27' de Brian Jones, Janis Joplin, Jimi Hendrix et Alan Wilson qui meurent tous à 27 ans. Il sera enterré au cimetière Père-Lachaise où sa tombe attirera le monde entier.

MES 18 PREMIÈRES ANNÉES
TOP 10 1971

1. **Paul Anka** *She's A Lady*
2. **Joan Baez** *Here's to You*
3. **Julien Clerc** *Ce n'est rien*
4. **Michel Delpech** *Pour un flirt*
5. **Serge Gainsbourg** *Ballade de Melody Nelson*
6. **Led Zeppelin** *Stairway to Heaven*
7. **John Lennon** *Imagine*
8. **Gilbert Montagné** *The fool*
9. **Nicoletta** *Mamy blue*
10. **Les Poppys** *Non, non, rien n'a changé*

Open | Search | Scan

Ce n'est rien
Julien Clerc obtient son premier succès avec *Ce n'est rien*. Le chanteur a acquis une grande notoriété en jouant le rôle principal dans la version française de la comédie musicale *Hair*. Dans les années 1970, les succès s'enchaînent avec des chansons comme *Si on chantait, This melody, Elle voulait qu'on l'appelle Venise* et *Hélène*.

Mamy Blue
Un succès foudroyant, écrite par Hubert Giraud, la chanson sera d'abord interprétée en italien, puis en anglais et enfin en français par l'immense Nicoletta, un vrai tube en Europe, qui résonne encore de nos jours.

Louis Armstrong
6 juillet 1971. Louis Armstrong est un légendaire trompettiste et chanteur de jazz américain, né en 1901. Il décède en 1971. Il est considéré comme un des pionniers du jazz, après avoir révolutionné l'improvisation musicale avec son style unique. Il a aussi marqué l'histoire du jazz avec des enregistrements emblématiques tels que *What a Wonderful World* et *Hello, Dolly!*

Smoke on the Water
4 décembre 1971. Un incendie lors d'un concert de Frank Zappa au casino de Montreux inspire le groupe Deep Purple pour leur tube *Smoke on the Water*.

SPORT

Bobby Fischer champion d'échecs
Le Championnat du Monde d'Échecs, surnommé le 'Match du Siècle', oppose Boris Spassky de l'Union soviétique, à l'américain Bobby Fischer. Le match se tient à Reykjavik, en Islande. Fischer remportera le match avec 12,5 points contre 8,5.

L'OM réalise son premier doublé
L'Olympique de Marseille remporte le championnat de France devant le Nîmes Olympique et remporte aussi la coupe de France contre le Sporting Club de Bastia 2-1. Ça chauffe sur la Canebière.

Jeux d'hiver à Sapporo
3 - 13 février 1972.
Aux jeux olympiques d'hiver la France finit 16ème avec une médaille d'argent en ski alpin pour Danièle Debernard, une médaille de bronze en ski alpin pour Florence Steurer et une médaille de bronze en patinage artistique pour Patrick Péra.

Victoire française aux 24h du Mans
11 juin 1972. Après des succès italiens, américains et allemands, c'est au tour de l'automobile française de se distinguer en remportant très largement les 24h du Mans, avec un beau doublé à la clé. C'est Henri Pescarolo (cocorico !) et Graham Hill qui remportent la victoire devant François Cevert et Howden Ganley.

Patrick Proisy à Roland Garros
4 juin 1972. Patrick Proisy se hisse en finale de Roland-Garros après un beau parcours, mais s'incline lourdement en finale contre l'Espagnol Andrès Gimeno en 4 sets, les derniers 6-1, 6-1. Son meilleur classement mondial se situera à la 23ème place.

1 JAN 1972
Le décès du chanteur Maurice Chevalier qui a sorti son premier disque *A la gare/La poupée animée* en 1920.

11 FEV 1972
Les vents atteignent 150 km/h sur la pointe de la Bretagne et 140 km/h sur le pays basque.

24 MAR 1972
Inauguration du 'Turbotrain', le prédécesseur du futur TGV.

1972

Basso champion du monde
6 août 1972. L'Italien Marino Basso bat Franco Bitossi, Cyrille Guimard, Eddy Merckx et Joop Zoetemelk au championnat du monde de cyclisme à Gap.

Médailles à Munich
26 août - 11 septembre 1972. La France obtient 13 médailles aux Jeux Olympiques d'été à Munich. Daniel Morelon remporte la médaille d'or en cyclisme sur piste et Serge Maury en voile. Pour la première fois dans l'histoire des Jeux, le judo tricolore a brillé, s'adjugeant 3 médailles de bronze. Au total, les Bleus montent 13 fois sur les podiums, avec 2 titres olympiques en cyclisme sur piste et en voile, Guy Drut sur le 110m haies ayant échoué à décrocher l'or pour seulement un dixième de seconde.

Hockey sur glace
28 septembre 1972.
4 matchs au Canada, puis 4 matchs en Union Soviétique. Après d'âpres confrontations, physiques, tendues, c'est le Canada qui remportera ce choc des 2 blocs, par 4 victoires, un nul et 3 défaites, le dernier match finissant sur le score de 6 à 5 en faveur du Canada à Moscou, dantesque !

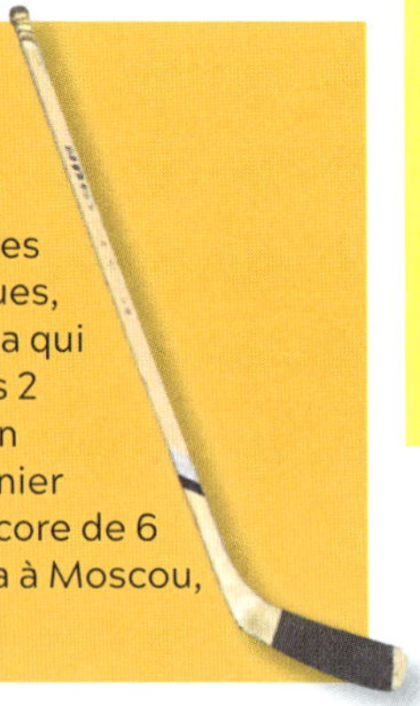

ACTUALITES

Lancement de la Renault 5
28 janvier 1972. Un véhicule mythique fabriqué à plus de 5,7 millions d'exemplaires. Le 5 fait référence aux 5 CV fiscaux de la voiture dans son modèle initial. Les gammes se multiplieront dont certaines sportives, Renault 5 Alpine, Renault 5 Alpine Turbo, La Renault 5 Turbo 1 et 2 qui gagnera de nombreuses courses dans les années 1980 : Monte-Carlo 1981 ou rallye de Corse 1982.

Le décret sur la contraception
8 mars 1972. Le décret d'application de la loi Neuwirth autorise après la pilule, l'utilisation du stérilet intra-utérin.

L'affaire de Bruay
6 avril 1972. Brigitte Dewevre (15 ans) est retrouvée morte. Très rapidement, un suspect est désigné, le notaire Pierre Leroy et sa maitresse Monique Béghin-Mayeur. Faute de preuves, ils vont être relâchés. Jean-Pierre Flahaut (17 ans) va tout avouer. Puis il reviendra sur ses aveux et sera acquitté.

Pas d'école
En cette rentrée 1972, la journée de repos des enfants passe du jeudi au mercredi, équilibrant beaucoup mieux la semaine scolaire.

23 AVR 1972
Les Français acceptent l'élargissement de la CEE à la Grande-Bretagne, l'Irlande, au Danemark et à la Norvège.

26 MAI 1972
La RDA et la RFA signent un traité consacrant la division de l'Allemagne en deux états.

JUN 1972
On compte environ 100 000 victimes hutus dans une guerre civile au Burundi.

Bataille du lait
23 mai 1972. Des camions de collecte de lait sont interceptés par des groupes de paysans qui réclament une augmentation du prix du lait aux laiteries et coopératives. La 'grève du lait' s'étend rapidement à l'ensemble du Finistère et du Morbihan et à une partie de la Loire-Atlantique et se solde par un accord.

Effondrement du pont de Vierzy
16 juin 1972. L'effondrement partiel d'un vieux tunnel datant du XIXième siècle en cours de réfection entraine le déraillement et la collision de trois trains. Le bilan sera lourd : 108 victimes et 111 blessés.

Camp militaire sous feu
14 juillet 1972. 20 000 personnes manifestent contre l'extension du camp militaire du Larzac. Le combat se soldera par l'arrêt du projet en 1981 décidé par François Mitterrand.

L' affaire du talc Morhange
Cette affaire concerne l'empoisonnement de nourrissons par du talc en France dans les années 1970. Relayé par *Le Monde* le 17 août 1972, elle a entraîné la mort de 36 enfants et l'intoxication de 168 autres, conduisant à une indemnisation 6 ans plus tard sous la pression d'enquêtes journalistiques.

1er McDo de France
30 juin 1972. Sous la houlette de Raymond Dayan, le 1er restaurant McDonald's de France ouvre ses portes à Créteil. Les débuts vont être laborieux au pays des fins gourmets.

Premier vol de l'Airbus A300
28 octobre 1972. C'est le premier modèle commercial d'Airbus, il va être produit sous différentes versions. C'est la première pierre du constructeur européen face à Boeing.

VOUS SOUVENEZ-VOUS ?

Blocs flash

Les derniers billets en francs
1er novembre 1972. Au milieu des années 1960, la Banque de France lance une nouvelle série de personnages illustres, allant du 5 francs Pasteur au 500 francs Pascal. Le dernier billet de 5 francs est privé de cours légal le 1er novembre 1972, le dernier billet de 10 francs le 15 septembre 1986.

1 JUL 1972
La loi Pleven, relative à la lutte contre le racisme, est votée à l'unanimité par le Parlement français.

AOÛ 1972
Le nageur américain Mark Spitz gagne 7 medailles d'or aux Jeux Olympiques.

21 SEP 1972
Décès du romancier Henry de Montherlant, connu pour *Les jeunes filles* et la pièce de théâtre *La reine morte*.

1972

Bontems et Buffet exécutés
28 novembre 1972. Ils font partie des derniers exécutés français, le sujet devient de plus en plus polémique en France surtout que l'un des deux n'a tué personne, il a été certes complice, mais n'a pas commis l'acte.

Les disparus de Boutiers
24 décembre 1972. Affaire non élucidée en Charente, près de Cognac. Une famille entière disparait, la famille Méchinaud, les 2 parents et leurs 2 enfants de 4 et 7 ans. Le soir du réveillon, ils retournent chez eux à 4km de distance de chez leurs amis, ils n'arriveront jamais à destination et personne ne les reverra jamais.

POLITIQUE

Le mémorial de Colombey
18 juin 1972. Une immense Croix de Lorraine de 44 mètres de haut revêtue d'un parement de granit rose va devenir le Mémorial du Général de Gaulle en cette journée symbolique du 18 juin, le fameux appel de 1940 depuis Londres.

Programme commun PS, PC et MRG
27 juin 1972. Accord d'idées en vue de la prochaine élection présidentielle ! Le Parti Socialiste jusqu'ici plus proche des centristes, change de cap pour se rapprocher de la gauche.

Jean-Marie Le Pen crée le FN
5 octobre 1972. C'est rue de Grenelle, à la salle des Horticulteurs, qu'est créé le FN (Front national) lors d'une réunion avec 70 personnes. Pendant les 10 premières années, le mouvement va rester marginal.

ACTUALITES INTERNATIONALES

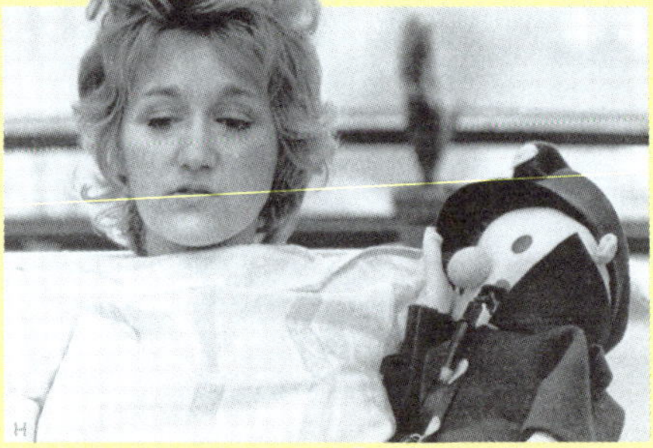

Survivre à un crash
26 janvier 1972. A 10 160 mètres d'altitude, une bombe fait exploser l'avion DC-9 de la compagnie JAT qui s'écrase en république Tchèque. Vesna Vulovic, hôtesse de l'air, est attachée à son siège au fond de l'appareil, elle va 'atterrir' dans son fauteuil dans de la neige qui amortira grandement le choc. Malgré 2 fractures aux jambes, 3 fractures aux cervicales, une fracture du crâne et des crises d'amnésie, elle se remettra de toutes ses blessures, remarchera et vivra jusqu'à 66 ans.

25 OCT 1972
Un troupeau de 60 brebis est conduit par des paysans du Larzac sur les pelouses du Champ-de-Mars à Paris.

8 NOV 1972
Une jeune fille (16 ans) est relaxée après avoir avorté, à la suite d'un viol, dans le Procès de Bobigny.

30 DÉC 1972
Reprise des négociations de Paris sur le Viêt Nam, fin des bombardements massifs des Etats-Unis.

1972

Bloody Sunday
30 janvier 1972. Dans la ville nord-irlandaise de Londonderry, 15 000 personnes, parmi lesquelles de nombreux jeunes, manifestent contre l'opération 'Demetrius'. Celle-ci a mené à l'emprisonnement de près de 2 000 personnes soupçonnées par les autorités britanniques d'être proches du groupe paramilitaire IRA. Les militaires britanniques tirent à balles réelles sur les manifestants pacifiques. 14 d'entre eux perdront la vie.

Nixon triomphe
21 février 1972. Richard Nixon est le premier président américain à rendre visite à la Chine. Sa rencontre historique avec le président Mao intervient après une période de 25 ans pendant laquelle Américains et Chinois se sont ostensiblement ignorés. On reparle donc de relations diplomatiques entre les deux états. Nixon accomplira au mois de mai une autre visite historique, en Union Soviétique cette fois. Le président américain et le chef du Kremlin Leonid Brejnev concluront une série de traités prévoyant la réduction drastique de leur arsenal nucléaire. Un tournant de la Guerre froide !

Bokassa président à vie
2 mars 1972. Jean-Bedel Bokassa s'autoproclame président à vie de la République Centrafricaine.

Accords SALT 1
26 mai 1972. Les négociations entamées en 1969 sur la non-prolifération des armes stratégiques aboutit à un premier accord SALT 1 (Strategic Arms Limitation Talks) entre Les Etats-Unis et l'Union Soviétique sur les armes offensives et défensives.

La photo déchirante
8 juin 1972. Peu après le bombardement dévastateur au napalm sur le village vietnamien de Trang Bàng, le photographe d'Associated Press Nick Ut prend l'une des photos de guerre les plus célèbres. Elle montre Phan Thi Kim Phúc, une enfant en pleurs courant sur une route, victime de brûlures causées par le napalm et suivie par d'autres enfants. Ils fuient leur village bombardé.

Nixon s'écroule
17 juin 1972. Nixon finit par déraper. L'affaire Watergate commence le 17 juin, lorsque 5 cambrioleurs sont appréhendés au quartier général du parti démocrate installé dans l'immeuble Watergate à Washington. Les journalistes du quotidien *The Washington Post* établiront un lien entre ce cambriolage et la campagne du président Nixon. Nixon nie les accusations mais sera contraint à la démission en 1974.

1972

Septembre noir

5 septembre 1972. Neuf membres du groupe terroriste palestinien Septembre noir enlèvent 11 athlètes et accompagnateurs de la délégation israélienne dans le village olympique à Munich. Ils exigent la libération de 200 palestiniens emprisonnés en Israël et de membres du groupe terroriste allemand Rote Armee Fraktion arrêtés en Allemagne. Un assaut des forces de l'ordre allemandes se solde par un échec : les Israéliens et 5 des 9 terroristes sont tués.

Crash dans les Andes

13 octobre 1972. Un avion uruguayen s'écrase sur un glacier des Andes, à la frontière entre l'Argentine et le Chili. 16 des 45 passagers sont encore en vie. Ils parviendront à survivre pendant 72 jours dans une température glaciale. Ils mangeront même de la viande prélevée sur des passagers décédés. Une avalanche cause 8 morts supplémentaires.

Fin des missions Apollo

7 - 19 décembre 1972. La mission Apollo 17 permet de récupérer 110 kg d'échantillons lunaires, le module lunaire d'exploration aura parcouru 36 km pour une sortie totale en 3 jours de 21h19. Le retour sur terre de la capsule met fin au programme éponyme. Les astronautes Cernan et Schmitt resteront les derniers à avoir mis un pied sur la lune.

Calculatrice de poche

Hewlett-Packard met sur le marché sa première calculatrice de poche à usage scientifique : la HP-35. Elle sonne le glas de la règle à calcul (règle graduée et munie d'une pièce coulissante permettant de réaliser diverses opérations de calcul). Le nouvel instrument pèse 248 grammes, mesure 15 X 8,1 cm. et coûte 395 dollars.

Les limites de la croissance

C'est en 1972 que paraît le rapport *Les limites à la croissance*, commandé par le Club de Rome, un cénacle réunissant des experts internationaux et des industriels de 52 pays. L'étude montre que les perspectives d'évolution de l'humanité ne sont pas bonnes : surpopulation, pollution de l'environnement et épuisement des matières premières. Le rapport aura un impact important sur la prise de conscience des problèmes environnementaux. Les produits lessiviels contenant des phosphates seront bientôt la cible de toutes les critiques, accusés de polluer fleuves et rivières. Il en sera de même pour les aérosols et les frigos anciens, auxquels on reproche d'agrandir le trou dans la couche d'ozone.

DIVERTISSEMENT

La Demoiselle d'Avignon

Dès janvier, c'est l'apparition d'une série romantique *La Demoiselle d'Avignon* avec la ravissante Marthe Keller (la princesse Koba de Kurlande) et le séduisant diplomate (François Fonsalette) Louis Velle, une belle romance sur fond de fouilles archéologique dans le sud de la France et de voyage en Mer Baltique.

Avoir 20 ans dans les Aurès

12 mai 1972. Sortie du film *Avoir 20 ans dans les Aurès* de René Vautier. En avril 1961, dans le massif de l'Aurès en Algérie, un commando breton affronte l'Armée de libération nationale, faisant un prisonnier. Un instituteur, soldat blessé, se souvient de leur opposition à la guerre, conduisant à un camp d'insoumis. Leur chef, le lieutenant Perrin les transforme en chasseurs redoutables, éveillant un goût pour la violence. Tous cèdent, sauf lui, à l'escalade de la brutalité.

Un Oscar pour Chaplin

23 avril 1972. Lors de la remise de son prix, Chaplin reçoit la plus longue ovation connue à ce jour pendant les Oscars: 12 minutes ! Puis il repart avec sa statuette de Los Angeles à Londres et termine sa course folle en Suisse, son lieu de villégiature.

Orange Mécanique

Le film de Stanley Kubrick est tiré du roman d'Anthony Burgess. L'histoire se déroule dans un futur dystopique où Alex, un jeune délinquant, est emprisonné puis soumis à une thérapie de conditionnement pour contrôler sa violence.

Le Parrain

En février, C'est *L'inspecteur Harry* joué par Clint Eastwood qui vient faire du ménage avec son Magnum 357. En octobre, c'est la sortie du film *Le Parrain*, réalisé par Francis Ford Coppola et joué par Marlon Brando et Al Pacino. Le film va gagner 3 Oscars.

En salle

C'est le film *Le dernier tango à Paris* avec Marlon Brando qui va faire parler de lui avec des scènes sexuelles osées pour l'époque. Avec 3,8 millions de spectateurs, la comédie *L'Aventure, c'est aventure* fait un carton avec une pléiade de vedettes. Toujours dans le registre de la comédie on se souvient de Pierre Richard et de Mireille Darc dans *Le Grand Blond avec une chaussure noire*. On n'oubliera pas non plus *César et Rosalie*, avec Romy Schneider et Yves Montand. Egalement à l'affiche : *Nous ne vieillirons pas ensemble* avec Jean Yanne qui obtiendra la Palme d'Or du meilleur acteur à Cannes pour ce rôle.

1972

Les Carpentier
Emissions de variétés par excellence, les *Top à* de 1972 à 1974, dirigées par les Maritie et Gilbert Carpentier vont faire la part belle aux chanteurs. Un invité principal reçoit sa bande de copains. L'ambiance est à l'amusement dans des décors parfois baroques ou cocasses et toujours avec des duos improbables.

La mode hippie
La mode vestimentaire inspirée des tenues hippies de la fin des années 60 déteint sur le début de la décennie suivante, mais dans un registre moins exubérant. Hommes et femmes portent des vêtements de rue serrants, colorés, parfois sans manches, des pantalons à jambes larges, ou élargies sous les genoux.

Amicalement vôtre
3 octobre 1972. 24 épisodes seulement feront de cette série, une série culte passée et repassée à la télévision française. Les raisons du succès ? 1 générique innovant sur une musique de John Barry, 2 acteurs séduisants, Tony Curtis (Dany Wilde) au volant d'une Dino Ferrari et Roger Moore (Lord Brett Sinclair) au volant d'une Aston Martin DBS. Ce sont 2 hommes d'affaires désœuvrés, diamétralement opposés, l'un américain direct et espiègle sorti des bas-fonds New-yorkais et l'autre anglais, noble, calme et posé.

Jean Yanne
Jean Yanne, est un acteur, réalisateur, scénariste, humoriste français, auteur aussi et même chanteur. On le connait pour son humour caustique et son franc-parler. Il joue dans de nombreux films français à succès, souvent dans des rôles comiques, satiriques, mais aussi dramatiques, et remporte plusieurs prix pour son travail dans le cinéma. Jean Yanne écrit le livre *L'Apocalypse est pour demain* mi-trash, mi-poétique. Il restera reconnu pour sa personnalité excentrique et décalée comme son rôle dans le film *Week-end* (1967).

Columbo
20 décembre 1972.
C'est l'arrivée de la série policière ô combien célèbre *Columbo* avec Peter Falk, son chien et la 403 cabriolet sans oublier son imper 'miteux'. L'originalité tient dans le comment et non pas dans le qui. En effet dès le début de l'épisode, on connait le meurtrier, mais reste à savoir si Columbo va réussir à épingler le coupable. N'oublions pas la voix française : Serge Sauvion.

L'autobus à impériale
Côté jeunesse, la série anglaise, *L'autobus à impériale*, apparait en octobre. A Londres, une bande de 5 garçons et 2 filles se réunit dans un bus à impériale abandonné dans un hangar. Pour se protéger, ils inventent un système de sécurité ingénieux. Lorsqu'un homme d'affaires veut raser le hangar pour construire un parking, ils décident de se battre pour préserver leur refuge. Leur histoire est un mélange de danse, de chansons, d'inventions loufoques et de détermination face à l'adversité.

Les Rois Maudits
21 décembre 1972. L'Histoire des Rois Maudits est une série télévisée adaptée des romans de Maurice Druon, explorant la monarchie française depuis Philippe IV le Bel jusqu'à la guerre de Cent Ans. Les luttes de pouvoir, les complots et les rivalités entre les personnages clés comme Robert et Mahaut d'Artois, Louis X et Charles IV sont au cœur de cette série dramatique.

Polnareff provoque
2 octobre 1972. Michel Polnareff accroche 6 000 affiches pour annoncer un concert à Paris. Le chanteur est travesti par Paco Rabanne et met littéralement ses fesses à nu. L'inspiration vient de sa compagne Stella Patchouli, danseuse au Crazy Horse. Le coup marketing ne passe pas inaperçu dans la France alors puritaine. Malgré des périodes d'absence de la scène musicale, Michel Polnareff reste une figure emblématique de la musique française, reconnu pour ses chansons intemporelles.

MUSIQUE

Alan Stivell
28 février 1972. Alan Stivell donne un concert à l'Olympia. Le breton combine la musique celtique traditionnelle avec des sons modernes. Il s'accompagne à la harpe bretonne, un instrument que son père a fabriqué pour lui. Son approche peu orthodoxe est nouvelle et révolutionnaire. La soirée à Paris propulse Stivell sur le devant de la scène. *A l'Olympia* se vend à plus d'un million et demi d'exemplaires. Il assure également un renouveau de la musique folklorique.

La mort de Bobby Lapointe
29 juin 1972. A 50 ans, Bobby Lapointe tire sa révérence ! Un être particulier, chanteur, acteur, féru de mathématiques, un peu dingue, mais si attachant. Parmi ses chansons les plus connues, on trouve *La Maman des Poissons*, *Ta Katie t'a quitté* et *Aragon et Castille*.

L'interdiction de Sanson
Véronique Sanson descend les Champs-Elysées au volant de sa petite voiture, le matin après une nuit d'amour. Le soleil levant embrasse l'Arc de Triomphe. Les premières lignes des paroles d'une nouvelle chanson, *Amoureuse*, lui viennent à l'esprit. « Une nuit, je m'endors avec lui/Mais je sais qu'on nous l'interdit ». La chanteuse laisse planer le doute. Sanson indique à plusieurs reprises qu'il s'agit d'une question d'âge. Dans les années 1970, la majorité est acquise à 21 ans. Mais à d'autres occasions, elle confirme qu'il s'agit de l'adultère.

C.Jérôme
Avec le titre *Kiss Me*, C.Jérôme signe un de ses plus grands succès, suivront *C'est moi*, *Et tu danses avec lui* et *Derniers baisers*. Il deviendra un temps animateur à la radio et à la télévision. On retiendra son look de séducteur qui a fait fureur auprès des jeunes filles des années 70.

V

MES 18 PREMIÈRES ANNÉES

TOP 10 1972

1. **Anarchic System** *Popcorn*
2. **Michel Fugain & Le Big Bazar** *Une belle histoire*
3. **Isaac Hayes** *Theme From Shaft*
4. **Michel Polnareff** *Holidays*
5. **Gilbert O'Sullivan** *Alone Again (Naturally)*
6. **Vicky Leandros** *Après toi*
7. **Middle Of The Road** *Samson and Delilah*
8. **Ringo** *Elle, je ne veux qu'elle*
9. **Véronique Sanson** *Amoureuse*
10. **Mort Shuman** *Le lac majeur*

Open | Search | Scan

Stone & Charden
C'est l'un des couples mythiques du début des années 70 avec de nombreuses chansons à succès : *L'Aventurra*, *Il y a du soleil sur la France*, *Made in Normandie*. Mariés dans la vie en 1966, le duo artistique divorce en 1974 pour entreprendre des carrières solos. Coté Éric Charden, on se souvient de son titre en 1979, *L'été s'ra chaud*, et de ses créations pour des bandes originales de séries animées comme *Albator* et *San Ku Kai*.

W

X

Martin Circus
Martin Circus est un des pionniers du rock progressif français, leur style musical intègre des éléments de pop, disco et new wave. Ils ont créé le premier opéra-rock français, *La Révolution française*, sorti en double album en 1973 et joué en live au Palais des Sports de Paris, avec Antoine et Alain Bashung. Le groupe se fera ensuite connaitre grâce à deux gros succès interprétés par Gérard Blanc : *Je m'éclate au Sénégal* et *Ma-ry-lène*.

SPORT

Les années Cruijff
30 mai 1973.
Johan Cruijff remporte pour la 3e fois la Coupe des clubs champions européens avec l'Ajax d'Amsterdam. Il signe ces années 1970 par sa présence, son style, ses dribbles. Il remporte aussi 3 ballons d'or : 1971-73-74. Il partira ensuite à Barcelone où il deviendra une sorte de légende. Puis il y reviendra de 1988 à 1996 en tant qu'entraineur d'un football total et permettra au FC Barcelone de glaner plusieurs titres nationaux et européens.

Trois grands noms du cyclisme
Les courses les plus prestigieuses sont remportées par 3 grands noms du cyclisme international. Pour Eddy Merckx, ce sera le doublé : Tour d'Espagne et Tour d'Italie. Pour Luis Ocaña, ce sera le Tour de France et pour Felice Gimondi, ce sera le championnat du monde : une belle brochette de champions !

FC Nantes premier de Division 1 de football
2 juin 1973. Un tiercé inédit : Le FC Nantes premier, devant l'OGC Nice et Marseille.

La France au Mans
10 juin 1973. Les 24 Heures du Mans 1973 sont remportées par la voiture française Matra-Simca MS670B pilotée par Henri Pescarolo et Gérard Larrousse, un triomphe français. Un autre équipage français : Jean-Pierre Jabouille et Jean-Pierre Jaussaud, se place en 3e position sur le même type de voiture. Seule une Ferrari arrivera à s'intercaler en 2e position. Cocorico !

Le Tour d'Ocaña
22 juillet 1973. Le cycliste espagnol Luis Ocaña remporte le Tour de France, suivi par Bernard Thévenet et l'Espagnol José Manuel Fuente. Eddy Merckx ne participe pas.

Un raz de marée français
5 août 1973. Aux championnats d'Europe de char à voile, qui se disputent à Berck, la France se taille la part du lion avec 9 médailles sur 12 possibles dont les 4 médailles d'or.

Une triste année de Formule 1
6 octobre 1973. Si Jacky Stewart remporte son 3e titre de champion de Formule 1, c'est avec une certaine amertume. En effet son jeune poulain, le prometteur et talentueux François Cevert se tue lors des essais au GP des Etats-Unis en octobre de cette année -là. La France perd un de ses futurs champions.

1 JAN 1973
Le Royaume-Uni, l'Irlande et le Danemark rejoignent la Communauté Européenne.

3 FEV 1973
331 médecins revendiquent avoir pratiqué des avortements malgré la loi.

29 MAR 1973
Les dernières troupes américaines quittent le Viêt Nam.

1973

ACTUALITES

Vol du cercueil de Pétain
18 février 1973. Un commando d'extrême droite vole le cercueil de Pétain à l'île d'Yeu dans le but de le réhabiliter et de le réinhumer à Douaumont. C'est une vive émotion en France et le gouveernement condamne cet acte. Le cercueil est retrouvé le 21 février à Paris. Dès le lendemain, le corps est à nouveau réinhumé à l'île d'Yeu.

Ouverture de Rosny 2
27 février 1973. Le premier centre commercial de l'Est parisien, Rosny 2 ouvre ses portes avec 120 boutiques dont un hypermarché Carrefour et La Samaritaine, le tout dans une architecture moderne. Il reste à ce jour, après des réaménagements, l'un des centres les plus fréquentés d'Île-de-France.

Collision aérienne de Nantes
5 mars 1973. Les aiguilleurs du ciel font grève et la gestion du contrôle aérien est par conséquence faite par l'armée de l'air française. Suite à des incompréhensions entre les équipages en vol et au sol, une collision se produit entre 2 avions près de Nantes. Le DC9 se désintègre en vol, faisant 68 morts.

Libé est né
18 avril 1973. Le journal quotidien *Libération*, né de l'esprit de Mai 68, se veut indépendant et porter des valeurs de gauche, progressistes et engagées. Son succès est rapide à travers ses articles sur l'actualité sociale, politique et des interviews audacieuses. Cinq personnes en sont les créateurs, dont notamment : Jean-Paul Sartre et Serge July.

RENAULT : LE "PATRON SECRET"
Libération
18
Prenez votre journal en main
IL FAUT ENCORE 23 MILLIONS POUR PARAITRE
nous appellons à souscrire
La France bouge libérons la presse
VERS UN NOUVEAU JOURNALISME

Mazamet ville morte !
17 mai 1973. Un message marquant, voire choquant : la ville de Mazamet dans le Tarn est le théâtre d'une opération de sensibilisation à la sécurité routière appelée « Mazamet, ville morte ». Tous les habitants de la ville, soit 16 610 personnes, se sont allongés par terre pendant environ quinze minutes, symbolisant le nombre de morts sur les routes de France en 1972, record national. L'opération est filmée et diffusée à la télévision, ce qui a eu un impact considérable sur l'opinion publique.

25 AVR 1973
Inauguration du dernier tronçon du boulevard périphérique de Paris.

8 MAI 1973
Les activistes indiens du Dakota du Sud se rendent après un siège de 70 jours à Wounded Knee aux Etats-Unis.

28 JUN 1973
Dissolution de la Ligue communiste et d'Ordre Nouveau.

Crash au salon du Bourget
3 juin 1973. Après la prestation du Concorde au Bourget, le Tupolev 144 russe, copie à peine dissimulée (espionnage) du Concorde s'élance pour faire sa démonstration. L'affaire va tourner court et finir après quelques minutes avec un crash de l'aéronef qui s'écrasera sur la ville de Goussainville faisant 14 victimes, les 6 personnes à bord et 8 personnes au sol.

VOUS SOUVENEZ-VOUS ?

Talkie-Walkie

Brigitte Bardot arrête le cinéma
6 juin 1973. Brigitte annonce son retrait définitif du cinéma pour se consacrer à la cause des animaux. Le déclencheur serait une chèvre dans *L'histoire très bonne et très joyeuse de Colinot Trousse-Chemise,* où apprenant qu'une chèvre du tournage est vouée à l'abbatoir, elle décide alors d'acheter l'animal et de le ramener dans son hôtel 4 étoiles. Elle crée ensuite une fondation qui porte son nom.

Coup de folie
18 octobre 1973. L'artiste Danielle Cravenne détourne un vol Paris-Nice pour protester contre la sortie du film *Les Aventures de Rabbi Jacob* le même jour, qu'elle juge « Prosioniste ». L'avion atterrit à Marseille pour soi-disant refaire le plein. Le GIPN en profite pour intervenir et tire sur Cravenne qui utilise des armes factices. Elle décèdera de ses blessures dans l'ambulance.

L'affaire Lip
12 juin 1973. Dans l'usine horlogère Lip, à Besançon, les travailleurs occupent l'usine pour protester contre la fermeture et les licenciements massifs. Après des mois de grève et de négociations, l'entreprise est remise en route en mars 1974. Les années suivantes seront chaotiques. Finalement, la société Lip sera liquidée en 1977.

La Tour Montparnasse inaugurée
13 septembre 1974. La Tour Montparnasse, fière de ses 59 étages, devient l'immeuble le plus haut de Paris. Conçue par quatre architectes, elle est loin de faire l'unanimité, car son modernisme tranche trop pour beaucoup par rapport au Paris classique.

31 JUL 1973
Un accord est trouvé pour permettre le financement des programmes coordonnés par l'Agence spatiale européenne.

15 AOÛ 1973
Fin des bombardements américains sur la République Khmère du Cambodge.

11 SEP 1973
Le général Augusto Pinochet prend le pouvoir au Chili avec un coup d'Etat. Le président Salvador Allende est retrouvé mort.

1973

L'affaire des plombiers

3 décembre 1973. Le journal hebdomadaire satirique *Le Canard enchaîné* est victime d'un scandale. Des systèmes d'écoute installés par de faux plombiers sont découverts dans les futurs nouveaux locaux du journal à Paris, ce qui révèle une surveillance illégale exercée par les services de renseignement français. Cet événement reste l'un des moments significatifs de l'histoire du journalisme français dans les années 1970 pour garantir sa liberté et son indépendance face aux pressions politiques et gouvernementales.

ACTUALITES INTERNATIONALES

Accords de Paix de Paris

27 janvier 1973. Le président américain Richard Nixon appose sa signature au bas des accords de Paris, à côté de celles des gouvernements sud et nord-vietnamiens. Un accord particulièrement important, puisqu'il prévoit un cessez-le-feu provisoire. Conformément aux accords, les derniers soldats américains quittent le Viêt-Nam le 29 mars.

POLITIQUE

Le PCF aux avant-postes

4 - 11 mars 1973. Au premier tour des élections législatives, le Parti Communiste devance le Parti Socialiste. Au deuxième tour, les deux partis feront à peu près jeu égal. Le Parti Communiste devient ainsi le 3e parti de l'assemblée nationale, c'est symptomatique des années 70/80 en France comme en Italie de la montée du communisme.

Premier sommet France-Afrique

13 novembre 1973. L'idée est de garder un lien avec les anciens pays francophones devenus indépendants, pour continuer à avancer d'un point de vue influence, commercial... Le sommet se veut annuel et se déroule une fois sur deux dans un pays d'Afrique.

20 OCT 1973

L'embargo de l'OPEP sur le pétrole et la hausse des prix provoquent une récession.

30 NOV 1973

Le premier ministre Pierre Messmer annonce un vaste programme de constructions de centrales nucléaires.

20 DÉC 1973

L'Archipel du Goulag de Soljenisyne est édité pour la première fois à Paris en langue russe.

Le Sénégal de Senghor
28 janvier 1973. Avec un seul parti, donc pas d'opposant, Léopold Sédar Senghor est élu président. Il démissionnera fin 1980, après 20 ans de présidence.

Le premier téléphone mobile !
3 avril 1973. Un inventeur américain, Martin Cooper, arrive à tenir une toute première communication téléphonique 'mobile' avec le prototype du futur Motorola DynaTAC, un téléphone lourd de plus d'un kilo, connecté à une antenne installée sur le toit d'un hôtel.

Adieu Picasso !
8 avril 1973. Le peintre Picasso tire sa révérence à l'âge de 91 ans. Considéré comme l'un des plus grands artistes du XXe siècle, le peintre est aussi célébré comme créateur du cubisme. Parmi ses œuvres les plus célèbres, *Les Demoiselles d'Avignon* (1907), une toile sur laquelle il met en scène 5 prostituées nues et la non moins célèbre toile *Guernica* (1937), qui exprime toute l'horreur du bombardement de cette ville par les aviations italienne et allemande pendant la guerre civile d'Espagne.

Catastrophe aérienne
11 juillet 1973. Un Boeing 707 de la compagnie Varig s'écrase à Saulx-les-Chartreux, à 5 kilomètres d'Orly. Bilan : 123 morts, 11 survivants (dont 10 membres d'équipage). La cause : un incendie se déclarant dans les toilettes.

2 tours jumelles à New York
4 avril 1973. Les bâtiments du World Trade Center, dont les 2 tours jumelles, sont inaugurés. Imaginée par l'architecte japonais Minoru Yamasaki, c'est la tour Nord qui est la plus haute (417 m). L'Empire State Building perd de son aura et les deux tours du WTC vont faire partie de l'image de New-York jusqu'au 11 septembre 2001 !

1973

Le Seigneur des anneaux
2 septembre 1973. J.R.R. Tolkien, écrivain, philologue et professeur britannique, décède à Bournemouth, en Angleterre. Tolkien est connu avant tout pour être l'auteur de l'œuvre emblématique de la littérature fantastique, *Le Seigneur des anneaux*, ainsi que du précurseur de ce dernier, *Le Hobbit*. Tolkien était un spécialiste des langues anciennes et a créé des mondes fictifs, des langues et des mythologies complexes.

Coup d'Etat au Chili
11 septembre 1973. Appuyé par les Américains, le chef de l'armée chilienne Augusto Pinochet se livre à un coup d'Etat, pour ravir le pouvoir au président Salvador Allende. Sa politique de gauche n'a pas plu aux militaires et encore moins aux Américains, qui voient dans le Chili un nouveau domino qui pourrait tomber aux mains des communistes. Pinochet n'hésite pas à faire bombarder le palais présidentiel. Le président Allende se suicide.

Mort de Carrero Blanco
Bras droit du dictateur espagnol Franco et nouveau président du gouvernement ibère, Carrero Blanco est tué dans un attentat à la bombe attribué au mouvement séparatiste basque ETA.

Le premier choc pétrolier
16 - 17 octobre 1973. Les pays occidentaux qui se sont montrés favorables à Israël pendant la guerre du Kippour doivent à présent affronter les sanctions du monde arabe. Ainsi, l'Organisation des pays exportateurs de pétrole (OPEP) décide d'augmenter fortement les prix pétroliers et de fermer progressivement le robinet. Les pays qui ont soutenu Israël seront boycottés. Les conséquences se font vite sentir en Europe.

Guerre du Kippour
6-24 octobre 1973. Profitant de la période de la fête israélienne de Yom Kippour, les armées égyptienne et syrienne mènent une attaque surprise visant Israël. But de l'opération : reconquérir les territoires perdus lors de la Guerre des Six-Jours de 1967. Les Egyptiens s'avancent dans le Sinaï et les Syriens occupent les hauteurs du Golan. Les Israéliens contre attaquent et repoussent les Egyptiens sur l'autre rive du canal de Suez. Sous la pression des Américains, les Israéliens acceptent un cessez-le-feu.

Bouteille à la mer interstellaire
3 décembre 1973. La sonde spatiale américaine Pioneer 10 atteint la planète Jupiter et envoie des photos. Cette sonde partira ensuite au-delà du système solaire (estimation en 2057) avec une petite plaque d'aluminium dorée où un message est gravé avec les dessins d'un homme et d'une femme et notre position dans le système solaire.

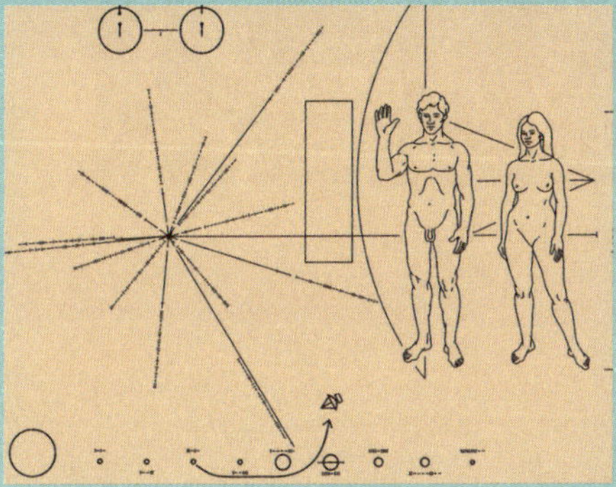

DIVERTISSEMENT

Joseph Balsamo
8 janvier 1973. Adaptée d'un roman d'Alexandre Dumas, cette mini-série met en scène Joseph Balsamo (Jean Marais), un homme charismatique, mystérieux d'origine italienne aux pouvoirs magiques. Il utilise ses dons pour manipuler la cour et prendre le pouvoir. Cette fiction se déroule sous le règne de Louis XV.

L'Emmerdeur
Un film avec un Jacques Brel en François Pignon excellent dans son rôle de l'éternel victime attachant avec en face un Lino Ventura en tueur à gages désarçonné par ce trublion.

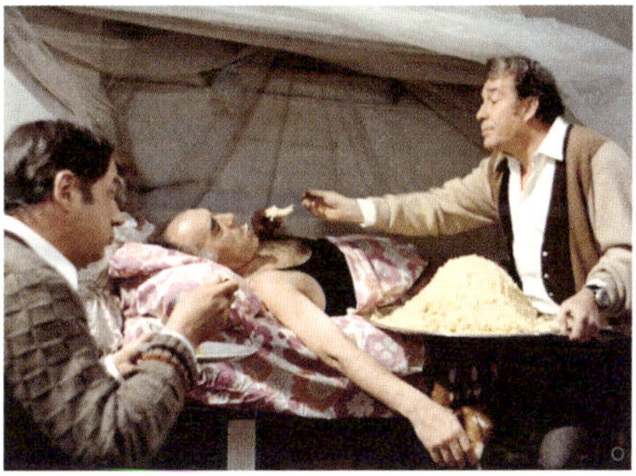

La Grande Bouffe
20 mai 1973. Réalisé par Marco Ferreri, c'est un film qui a dérangé en son temps avec des ténors comme acteurs : Marcello Mastroianni, Michel Piccoli, Philippe Noiret, Ugo Tognazzi et Andréa Ferréol. Ames sensibles s'abstenir ! Orgie de bouffe !

Les Aventures de Rabbi Jacob
18 octobre 1973. Et un succès comique de plus pour le réalisateur Gérard Oury et l'acteur Louis de Funès. L'histoire : Victor Pivert (Louis de Funès), un industriel raciste et xénophobe se retrouve impliqué dans une série de péripéties après avoir pris par erreur l'identité d'un rabbin. Avec en particulier, une scène chorégraphiée d'anthologie, le film est devenu un classique de la comédie française.

1973

Le jeune Fabre
4 février 1973. Les débuts dans la vie et les premiers émois amoureux du jeune Jérôme Fabre, à la recherche de son père, artiste peintre. Après avoir été exclu de son collège de province, le jeune Jérôme « monte » à Paris et se frotte à la vie. On retrouve Medhi, le héros de la série *Belle et Sébastien* réalisée aussi par sa maman, Cécile Aubry, et la jeune Véronique Jannot. Le générique est chanté par Demis Roussos.

La Une est à vous
15 septembre 1973. Une idée de Guy Lux, créer une émission où le public choisit ce qu'il veut voir avec des thèmes variés comme : action, science-fiction, policier, jeunesse, dessin animé, western, ... Présentée par Bernard Golay accompagné du ventriloque David Michel et son pingouin Nestor. Avec 20 000 appels par émission chaque samedi c'est un succès énorme.

« Ca eut payé »
28 septembre 1973. Fernand Raynaud décède brutalement dans un accident de la route à l'âge de 47 ans. C'était avant tout un humoriste français, célèbre pour ses sketchs autour de personnages de la vie : paysan, bourgeois, employé administratif, ou des situations absurdes comme « Le 22 à Asnières ». On se souvient d'expressions comme « Allô ! Tonton ? Pourquoi tu tousses ? » ou « Ca eut payé ».

La Septième Compagnie
3e au box-office français en 1973, *Mais où est donc passée la 7e compagnie*, est un film de comédie militaire empreint d'auto-dérision.

Jesus Christ Superstar
En 1973, le film d'après l'opéra-rock Jesus Christ Superstar sort. Le film sur les derniers jours de Jésus Christ selon le Nouveau Testament est bien reçu. La comédie musicale connait de nombreuses interprétations. Vous-vous souvenez des chansons *I don't know how to love him* et *Superstar* ? Parmi les chanteurs, citons Ian Gillan (Deep Purple) et Murray Head.

Bruce Lee frappe
20 juillet 1973. Avec *La Fureur de vaincre* et *Big Boss*, ce sont plus de 5,5 millions de spectateurs. C'est le phénomène Bruce Lee, sino-américain, il est acteur, réalisateur, artiste martial. Il décède malheureusement le 20 juillet à Hong Kong à l'âge de 32 ans à la suite d'un œdème cérébral. Sa philosophie de la vie et de l'art martial, ainsi que ses performances cinématographiques impressionnantes, ont fait de lui une icône mondiale.

Mon nom est personne
14 décembre 1973. Interprété par Terence Hill (Personne) et Henry Fonda (Jack Beauregard), le film annonce un nouveau genre, un western humoristique, décalé avec en scénariste et producteur, Sergio Leone et une musique d'Ennio Morricone.

L'ile mystérieuse
17 décembre 1973. Adaptée de l'œuvre de Jules Verne, cette courte série va apporter une touche de fantastique très réussie avec Omar Sharif en capitaine Nemo et quelques acteurs en vogue du moment comme Philippe Nicaud (Gédéon Spilett) et Jess Hahn.

MUSIQUE

Le divorce de Delpech
Dans *Les divorcés*, Michel Delpech dénonce le fait qu'il n'est pas possible de divorcer par consentement mutuel en France. Il parle d'expérience. Le succès de la chanson met le sujet au centre du débat, avec une augmentation du nombre de divorces judiciaires. Deux ans plus tard, le président Valéry Giscard d'Estaing promulgue une loi permettant le 'divorce à l'amiable'.

Les paradis perdus
Christophe présente *Les paradis perdus*, une œuvre classée parmi les meilleurs albums français de tous les temps. L'homme est fortement influencé par le rock anglo-saxon de l'époque (David Bowie, Pink Floyd, Roxy Music). La plupart des textes sont écrits par Jean-Michel Jarre, qui devient une star mondiale quelques années plus tard avec *Oxygène* (1976), un disque où les synthétiseurs règnent en maîtres. En 2023, *Les Inrockuptibles*, magazine musical français réputé, écrira à propos de *Les paradis perdus* : « C'est d'une beauté céleste à l'image de son morceau-titre ». Ce titre devient d'ailleurs un tube - à nouveau - en 2015 dans la version de Christine and the Queens.

Message personnel
Françoise Hardy cherche un nouveau souffle à sa carrière. Elle est impressionnée par le travail de Michel Berger. Tous deux réalisent ensemble le *Message personnel*. Le texte est un clin d'œil de Berger à son amante chanteuse Véronique Sanson, qui l'a quitté un an plus tôt. Le morceau d'ouverture est un parlando de Hardy s'adressant à quelqu'un qui n'est pas mentionné. Bien des années plus tard, Hardy dit ce qui suit à propos de cette chanson mystérieuse et merveilleuse : « J'aime assez l'idée que *Message personnel* nous associe tous les quatre, Michel Berger, Véronique Sanson, Jacques Dutronc, auquel mon texte parlé s'adressait, et moi. »

VOUS SOUVENEZ-VOUS ?

Enregistreur

1973

Tu te reconnaîtras
7 avril 1973 La chanteuse française Anne-Marie David remporte à Luxembourg le concours Eurovision de la chanson avec *Tu te reconnaîtras*. Elle a toutefois participé sous la casquette luxembourgeoise. Anne-Marie David participe à nouveau au concours en 1979, sous les couleurs de la France cette fois. Elle y termine troisième.

MES 18 PREMIÈRES ANNÉES
TOP 10 1973

1. **Adriano Celentano** *Prisencolinensinainciusol*
2. **Julien Clerc** *Si on chantait*
3. **Dalida & Alain Delon** *Paroles... paroles...*
4. **Deep Purple** *Smoke on the Water*
5. **Michel Delpech** *Les divorcés*
6. **Françoise Hardy** *Message personnel*
7. **Pink Floyd** *Money*
8. **The Rolling Stones** *Angie*
9. **Demis Roussos** *Forever and Ever*
10. **Michel Sardou** *La maladie d'amour*

Open | Search | Scan

Trois couples mythiques
2 couples sont sur le devant de la scène cette année-là : Johnny et Sylvie avec leur chanson *J'ai un problème*, et Sheila et Ringo avec *Les gondoles à Venise*. Ces 2 duos font rêver leurs fans. Plus dans la dérision, le duo comique : Guy Bedos et Sophie Daumier font aussi parler d'eux avec la chanson *La Drague*.

Nicoletta
Sa carrière débute dans les années 60, elle se distingue par sa voix puissante et son exploration de différents genres musicaux, dont la soul, le rhythm and blues, la variété française et le gospel. Parmi ses succès figurent *La Musique*, *Il est mort le soleil*, *Ma vie c'est un manège*, *Mamy Blue*, *Fio Maravilla* et *Les Volets Clos*. Enfin on se souvient aussi de son duo *Idées noires* avec Bernard Lavilliers.

Mike Brant
Mike Brant, de son vrai nom Moshe Brand, est un chanteur populaire israélien. Il décèdera prématurément le 25 avril 1975 à Paris. Il est principalement connu pour ses chansons telles que *Laisse-moi t'aimer*, *Qui saura* et *C'est ma prière*. Mike Brant connait un grand succès, grâce à sa voix particulière et à son charisme sur scène.

SPORT

La légende Giacomo Agostini
En voilà une légende de la moto : Giacomo Agostini. Un palmarès hallucinant. Au total il va remporter 123 grands prix durant sa carrière ! La préparation de la moto et sa capacité à transmettre à l'équipe technique son ressenti de pilote font de lui sa renommée.

24 heures de France
16 juin 1974. C'est encore l'euphorie pour les Matra Simca MS670B qui remportent la première et la troisième place de la course mythique avec deux duos français, la paire gagnante : Henri Pescarolo et Gérard Larrousse et pour la troisième place : Jean-Pierre Jabouille et François Migault.

Roland-Garros : Borg et Evert
16 juin 1974. L'OVNI Bjorn Borg, suédois, gagne son premier Roland-Garros à 18 ans, il en gagnera encore 5 autres, un prodige de calme et de ténacité qui fait merveille sur terre battue. Côté féminin, c'est l'Américaine Chris Evert qui gagne son premier Roland-Garros à 19 ans, elle va d'ailleurs en remporter 6 autres !

RFA championne du monde
7 juillet 1974. La coupe du monde se déroule en Allemagne de l'Ouest. La finale voit s'affronter l'Allemagne de l'Ouest contre les Pays-Bas. Après un départ catastrophique de L'Allemagne, menée 1-0 au bout de deux minutes, celle-ci va l'emporter finalement 2 à 1. Le pragmatisme allemand l'aura emporté sur la beauté du jeu hollandais.

Triomphe d'Eddy Merckx
21 juillet 1974. 5 participations, 5 Tour de France, Eddy Merckx l'emporte à chaque fois en écrasant la concurrence. Il gagne le prologue et 7 étapes : phénoménal. Notre Raymond Poulidor national finit (encore) deuxième du Tour.

16 JAN 1974
45 personnes et plusieurs navires disparaissent dans un ouragan qui traverse la Manche.

8 FEV 1974
Coup d'État militaire en Haute-Volta. Aboubakar Sangoulé Lamizana suspend la constitution.

3 MAR 1974
346 passagers perdent la vie lors de l'accident d'un avion de la Turkish Airlines près de Paris.

AS Saint-Etienne en Coupe d'Europe
6 novembre 1974. Match retour de la Coupe d'Europe des clubs champion. Au match aller, une véritable débâcle de l'équipe avec un arbitrage douteux, résultant d'une défaite : 4-1 contre l'Hadjuk Split. Les Stéphanois ont la rage et vont marquer les esprits, un match titanesque fait de courage et de ténacité. Ils mènent 1-0, puis c'est l'égalisation 1-1 à la 60ème minute. Il reste 30 minutes pour forcer le destin. Les joueurs redoublent d'effort et reviennent à 4-1 à la fin du temps réglementaire : prolongation. A la 104ème minute, c'est Triantafilos qui va libérer son équipe et la qualifier pour le tour suivant. Un match de légende est né !

Grondement dans la jungle
30 octobre 1974. Le troisième combat de deux géants a lieu en Afrique à Kinshasa devant 80 000 spectateurs dont 40 000 Zaïrois. Le combat est surnommé 'grondement dans la jungle'. Coté résultat, Mohammad Ali va surclasser Georges Foreman battu par KO à la huitième reprise. Ainsi Ali reprend son titre.

ACTUALITES

Le premier salon de la BD
25-27 janvier 1974. Le Festival International de la bande dessinée d'Angoulême est avant tout francophone, mais aussi le plus grand du monde par sa notoriété et son ampleur. Le grand prix de la ville d'Angoulême couronne chaque année un auteur pour l'ensemble de son œuvre. Gagner un tel prix est une véritable consécration dans le milieu de la Bande Dessinée.

Poilâne
« Ici, Pain Poilâne, fait au levain, cuit au bois, à la farine moulue aux meules ». En 1974, le célèbre boulanger parisien Lionel Poilâne fait protéger la marque sous son nom. La notoriété croissante du pain Poilâne permet de constituer un solide réseau de distribution et de faire construire une manufacture en région parisienne. Aujourd'hui, Poilâne produit plusieurs tonnes de boules par jour.

3 AVR 1974
Patricia Hearst, fille d'un milliardaire Américain, est enlevée par un groupe d'extrême gauche. Elle les rejoindra ensuite : syndrome de stockholm.

19 MAI 1974
Valéry Giscard D'Estaing remporte les élections présidentielles contre François Mitterrand.

22 JUN 1974
Décès du compositeur français, Darius Milhaud. Il était influencé par le folklore musical et le jazz.

L'aéroport Charles de Gaulle
8 mars 1974. L'aéroport Charles de Gaulle, situé à Roissy près de Paris, est inauguré par le président Georges Pompidou.

Le dernier train à vapeur
29 mars 1974. Le dernier trajet commercial de 30 km se fait entre Béning et Sarreguemines en Moselle, au revoir le charbon !

Décès de Georges Pompidou
2 avril 1974. Le président Georges Pompidou décède à l'âge de 62 ans, victime de la maladie de Waldenström. Successeur du général de Gaulle, il a adopté une politique plus pragmatique que son prédécesseur, facilitant par exemple l'accès de la Grande-Bretagne à la CEE. En France, il initie une politique d'industrialisation à grande échelle et mise sur l'énergie nucléaire. Les premiers trains à grande vitesse font leur apparition et Paris retrouve un peu de son aura de 'ville lumière'.

La Provence de Pagnol
18 avril 1974. Marcel Pagnol décède à l'âge de 79 ans. Ecrivain à ses débuts, il va se faire particulièrement connaitre à travers son métier de cinéaste. On se souvient de ses œuvres littéraires et cinématographiques qui mettent en scène la vie en Provence. Citons les livres *Marius*, *Fanny* et *César* ainsi que les films *La Femme du boulanger* (1938) et *La Gloire de mon père*.

L'affaire Ranucci
3 juin 1974. La petite Marie-Dolorès Rambla, 8 ans, est enlevée devant son domicile. Le corps de la jeune fille est retrouvé 2 jours plus tard, le suspect Christian Ranucci, est interpellé et ses aveux vont suivre dans la foulée. C'est le premier condamné à mort guillotiné sous Valery Giscard d'Estaing.

Classeur pour cassettes

1 JUL 1974
Majoration de 22 % du minimum vieillesse pour assurer un minimum de revenus aux défavorisés.

9 AOÛ 1974
Le président américain Richard Nixon démissionne suite au scandale du Watergate.

13 SEP 1974
Prise d'otage de l'ambassade de France à La Haye par l'Armée rouge japonaise.

1974

Majorité civile à 18 ans
5 juillet 1974. La majorité civile passe de 21 ans à 18 ans et permet ainsi de pouvoir voter dès l'âge de 18 ans.

Dernier essai nucléaire
25 juillet 1974. C'est la fin des 46 essais aériens en Polynésie française avec son lot de retombées contaminantes plus ou moins ciblées en fonction des vents.

Le paquebot France
La crise pétrolière et les coûts d'exploitation du paquebot France (1962) conduisent à sa fin d'exploitation. Il aura officié de 1962 à 1974. Il sera racheté, modifié et exploité sous un nouveau nom Norway de 1980 à 2003.

Attentat du drugstore Publicis
15 septembre 1974. Un homme lance une grenade au sein du drugstore Publicis en plein quartier Saint-Germain-des-Prés, résultat : 2 morts et 34 blessés. L'affaire est en lien avec la prise d'otages du 13 septembre de l'ambassade de France aux Pays-Bas orchestrée par le FPLP (Front populaire de libération de la palestine) pour faire relâcher un membre de l'Armée rouge japonaise.

L'avortement dépénalisé
26 novembre 1974. Simone Veil présente un projet de loi visant à dépénaliser l'avortement en France. Malgré une opposition féroce, y compris au sein même de son propre parti politique, Simone Veil réussit à faire adopter la loi 'relative à l'interruption volontaire de la grossesse'. Elle marque un tournant majeur dans la lutte pour les droits des femmes en France.

Au revoir les Comores
22 décembre 1974. Les 4 îles Comoriennes votent pour l'indépendance. A l'inverse les habitants de Mayotte choisissent de rester attachés à la France.

Coup de grisou
27 décembre 1974. Drame à la fosse 'Saint-Amé', située à Liévin, un coup de grisou tue 42 mineurs. Le puits sera définitivement fermé en 1978.

La Citroën CX
La remplaçante de la DS est une limousine plutôt haut de gamme avec des versions parfois musclées : turbo et vitesse de pointe de 223 km/heure. Elle sera fabriquée pendant 17 ans.

9 OCT 1974
La mort de Oskar Schindler, l'industriel tchéchoslovaque, qui a sauvé 1 200 juifs durant la Shoah.

26 NOV 1974
Discours de la ministre de la santé, Simone Veil, à l'Assemblée nationale pour le droit à l'avortement.

4 DÉC 1974
Jean-Paul Sartre rend visite au terroriste Andreas Baader dans la prison de Stuttgart.

POLITIQUE

La Condition féminine
16 juillet 1974. Françoise Giroud est nommée secrétaire d'Etat à la Condition féminine. Elle va lancer 101 mesures en faveur des femmes dont 80 vont être retenues.

Plan Fourcade
12 juin 1974. Jean-Pierre Fourcade, Ministre de l'Économie et des Finances, est l'initiateur du 'plan Fourcade', un plan visant à stabiliser les effets inflationnistes dus au premier choc pétrolier. Ce plan vise à accroitre la pression fiscale, à surveiller les prix, à augmenter le prix de l'énergie pour faire baisser la consommation !

ACTUALITES INTERNATIONALES

Expulsion de Soljenitsyne
13 février 1974. Après la parution du livre en France *L'archipel du Goulag* où il décrit à base de témoignages, le système de répression politique et concentrationnaire de l'Union Soviétique, Soljenitsyne est expulsé de son pays.

Playmobil
L'Allemand Hans Beck est l'inventeur du jouet Playmobil. Une vaste gamme de figurines en plastique, agrémentées d'une série d'accessoires. Elle est produite par la firme allemande Brandstätter.

Quatre milliards d'êtres humains
1er avril 1974. Une agence américaine de statistiques recense que la planète bleue compte plus de 4 milliards d'habitants. La population mondiale a ainsi doublé en 44 ans.

Françoise Claustre enlevée
21 avril 1974. Françoise Claustre, ethnologue et archéologue française, est enlevée avec Marc Combe au Tchad par un groupe de rebelles. Ils demandent une rançon et l'accès aux médias. Marc Combe s'enfuit le 23 mai 1975. Raymond Depardon et Marie-Laure De Decker font une interview des rebelles et de Françoise Claustre. La France décide finalement de payer la rançon. Il faudra attendre le 31 janvier 1977, pour la libération de Françoise Claustre.

Se faire la bise
Voilà une coutume bien française : faire la bise. À tout le monde, même aux gens qu'on connait à peine et parfois plusieurs fois par jour. Même s'il y a plein de raisons d'arrêter de faire la bise, on continue à le faire.

Manger le croûton
Eh oui, en sortant de la boulangerie on mange le croûton de la baguette.

1974

Révolution des Oeillets
25 avril 1974. Au Portugal, des militaires mettent pacifiquement fin au régime du dictateur Salazar et de son successeur Caetano. L'image est connue : dans la rue, nombre de citoyens offrent des œillets aux militaires, qui les glissent au bout du canon de leurs fusils.

Willy Brandt remplacé
7 mai 1974. Helmut Schmidt remplace le chancelier ouest-allemand Willy Brandt. Ce dernier s'est rendu célèbre par sa politique favorable à la détente en Europe. Il s'avère que l'un de ses proches collaborateurs n'est autre qu'un espion de l'Allemagne de l'Est. D'autres rumeurs, qui concernent sa vie privée, complètent le tableau.

Le Rubik's Cube
19 mai 1974. C'est un professeur hongrois, Ernő Rubik, qui présente à ses étudiants le fameux cube coloré. Du plus petit jusqu'au plus grand, tout le monde essaie de résoudre ce casse-tête, pour aligner correctement les différentes faces du célèbre cube.

Le français au Québec
30 juillet 1974. C'est officiel, le français devient la langue officielle du Québec grâce à une nouvelle loi.

Un funambule à Manhattan
6 août 1974. Le Français Philippe Petit marche sur un câble - non sécurisé - entre les Twin Towers à New York. Il fera 4 aller-retours à plus de 400 mètres d'altitude. C'est illégal et il sera arrêté par la police New-Yorkaise (NYPD).

A2

Charles Lindbergh s'envole
16 août 1974. L'aviateur américain iconique, Charles Lindbergh, n'est plus. Il devient célèbre pour son vol sans escale en solitaire à travers l'Atlantique en 1927. Il réalise cet exploit historique le 20-21 mai 1927 à bord du Spirit of St. Louis, reliant New York à Paris en 33 heures et 30 minutes.

VOUS SOUVENEZ-VOUS ?

Cigarettes en chocolat

Découverte du plus vieux squelette
30 novembre 1974. Une équipe de recherche internationale, dont fait partie le Français Yves Coppens, découvre en Ethiopie un squelette vieux de 3,2 millions d'années. Le fossile est baptisé Lucy. Elle mesure 1,10 mètres et pèse 29 kilos. C'est alors le bipède humain le plus ancien jamais découvert.

DIVERTISSEMENT

Les Valseuses
20 mars 1974. Un vrai film culte de Bertrand Blier avec ses répliques, ses acteurs : Gérard Depardieu, Patrick Dewaere, Miou-Miou, Jeanne Moreau. Une histoire de deux petits voyous qui errent en commettant de menus larcins, qui rencontrent Marie-Ange (Miou- Miou) et qui vivent libre. Ce film fait scandale.

Kung Fu
13 avril 1974. David Carradine débarque sur les écrans. Le scénario : un moine shaolin métis, de père américain et de mère chinoise est en fuite après avoir tué le neveu de l'empereur de Chine qui lui-même avait tué son maitre. Il se réfugie aux Etats-Unis à l'époque du western et se retrouve face à une certaine violence à laquelle il fait face avec sagesse et dextérité.

Le soleil vert
26 juin 1974. Un film de science-fiction au scénario qui nous parle : en 2022, seule une sorte de pastille, 'le soleil vert ', parvient à nourrir une population à l'agonie. Accompagné de son fidèle ami, un policier (Charlton Eston) va découvrir l'effroyable réalité de cette société inhumaine.

Emmanuelle
26 juin 1974. Premier film érotique avec autant de succès. Il va faire connaitre son actrice principale Sylvia Kristel, d'origine néerlandaise. La bande originale du film est composée par Pierre Bachelet.

L'Exorciste
11 septembre 1974. Ce film d'horreur choque par ses dialogues crus et des scènes d'effroi inédites. Le tournage a d'ailleurs été compliqué pour les acteurs avec plus de 500 reprises pour une scène.

L'île aux enfants
16 septembre 1974. *L'île aux enfants*, c'est avant tout un petit monde féérique, bon enfant, bienveillant. On se souvient de mini-animations comme : 'La Noiraude', 'Gribouille' et les personnages de 1 rue Sésame, Macaron, Bart et Ernest. Casimir deviendra une icone de la jeunesse avec en particulier son plat préféré : 'Le Glou-bi-Boulga'.

1974

Les bidasses

11 décembre 1974. 'Les Charlots', ce sont les 4 amis Gérard Rinaldi, Jean-Guy Fechner, Gérard Filipelli et Jean Sarrus. Initialement ils sont 6 dont Luis Rego et forment un groupe de musique humoristique Les Problèmes qui fait les premières parties de Françoise Hardy, Johnny Halliday, Claude François et même les Rolling Stones ! Dans les années 70, ils se rebaptisent Les Charlots en hommage à Charlie Chaplin. Ils enchaineront bon nombre de films : *Les bidasses en folie*, *Les fous du stade*, *Le Grand Bazar*...

A voir en salle

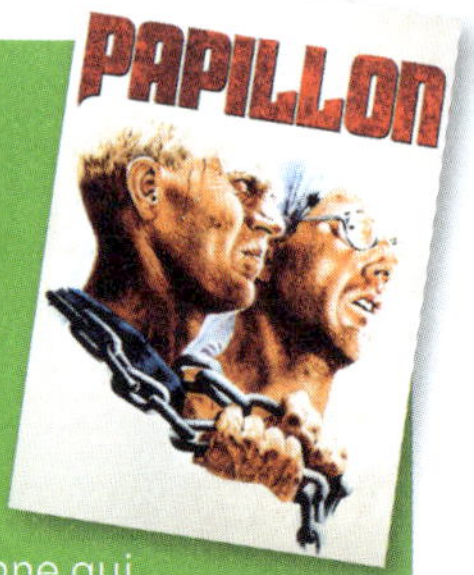

On commence par *L'Arnaque* avec Paul Newman et Robert Redford. On se souvient aussi de *Papillon* avec Steve Mc Queen et Dustin Hoffman, 2 prisonniers dans le sinistre bagne de Cayenne qui vont tout faire pour s'évader, surtout que Papillon est innocent... Autre style avec *Chinatown* réalisé par Roman Polanski avec l'immense Jack Nicholson dans un rôle de détective fouineur, avec la belle Faye Dunaway. L'année se finit sur le dessin animé Walt Disney, *Robin des Bois*.

Les Brigades du Tigre

21 décembre 1974. Une série française avec reconstitution d'époque et le générique interprété par Philippe Clay, musique de Claude Bolling : *Monsieur Clémenceau*. Il s'agit des premières brigades motorisées au début du XXème siècle mises en place par Georges Clémenceau. Les 3 héros sont les inspecteurs Valentin, Terrasson et Pujol qui poursuivent les méchants dans de nombreux épisodes avec des voitures d'époques et bien sur de belles moustaches.

Les As de l'aviation

Côté action et pour les amoureux du ciel, la série *Les faucheurs de marguerite* fait son apparition en mai 1974, ce sont les débuts de l'aviation, puis 3 autres séries suivront l'évolution de l'aéronautique : *Le temps des As* en 1978, *La Conquête du ciel* (1980) et enfin *L'adieu aux As* (1982).

Les rues de San Francisco

Côté policier, une série américaine fait ses débuts : *Les rues de San Francisco* avec Karl Malden et Michael Douglas.

Chéri-Bibi

20 décembre 1974. Une série française, adaptée de l'œuvre de Gaston Leroux, *Chéri-Bibi*, crée une ambiance intrigante, envoûtante faite d'intrigues et de rebondissements.

Deux ans de vacances

Les jeunes découvrent *Deux ans de vacances*, tiré de l'œuvre de Jules Verne, 15 jeunes garçons échoués sur une île pendant deux ans (1860-1862) devant faire face à l'adversité, aux relations humaines, à l'entraide.

Barbapapa

Pour les plus jeunes, c'est l'arrivée des Barbapapa : « Ils se transforment à volonté... », enfin deux petits personnages en chiffon viennent fermer la danse Chapi (la fille en rouge) et Chapo (le garçon en bleu). Ils évoluent dans un monde fait de cubes et doivent résoudre un nouveau problème à chaque épisode.

Gérard Lenorman

Le chanteur connaît son premier succès avec *La Ballade des gens heureux*. Au cours des années suivantes, il sort les chansons *Si j'étais président, Voici les clés, Michele, Les matins d'hiver* et *Il*. Son style musical est la variété française, avec des mélodies accrocheuses et des paroles poétiques. Il captive le public avec sa voix chaleureuse et ses chansons touchantes. On estime qu'il a vendu entre 10 et 20 millions de disques.

Mon vieux

C'est la chanson phare de Daniel Guichard. La musique est de Jean Ferrat. Daniel Guichard modifie les paroles pour s'approprier la chanson par rapport à la situation qu'il a vécu dans le passé, perdre son père à l'âge de 15 ans.

MUSIQUE

Waterloo

6 avril 1974. Le groupe suédois ABBA remporte le concours de l'Eurovision avec la chanson *Waterloo*. Ils sont sans doute le groupe qui a le plus fait parler de lui après avoir gagné ce concours. Une comédie musicale va être créée autour de leurs succès : *Mamma Mia !* et sa version filmée va aussi voir le jour.

Qui c'est celui-là ?
C'est la chanson de Pierre Vassiliu, celle qui fait que l'on se souvient de lui. Issue d'une reprise brésilienne à laquelle il a complétement changé les paroles, cette chanson servira de générique à un jeu de la radio RTL intitulé *L'invité mystère*.

MES 18 PREMIÈRES ANNÉES
TOP 10 1974

1. **ABBA** *Waterloo*
2. **Dalida** *Gigi l'amoroso*
3. **Dave** *Vanina (Runaway)*
4. **Carl Douglas** *Kung Fu Fighting*
5. **Claude François** *Le téléphone pleure*
6. **Jean Gabin** *Maintenant je sais*
7. **Daniel Guichard** *Mon vieux*
8. **Terry Jacks** *Seasons in the Sun*
9. **George McCrae** *Rock Your Baby*
10. **The Rubettes** *Sugar Baby Love*

Open | **Search** | **Scan**

Duke Ellington
24 mai 1974. Duke Ellington est un compositeur, pianiste et chef d'orchestre américain de jazz. Ellington a révolutionné le genre en fusionnant jazz, blues et musique classique dans des compositions emblématiques telles que *Take the 'A' Train* et *Mood Indigo*.

The Rubettes
Ils sont surtout connus pour leur succès international *Sugar Baby Love*. Le groupe est caractérisé par son style vestimentaire rétro inspiré des années 1950 et par leurs chansons pop entraînantes.

Claude François
Le téléphone pleure est la meilleure vente de disques de Claude François, avec plus d'un million d'exemplaires vendus. L'histoire est basée sur une scène du film *L'Épouvantail* (1973) dans laquelle Al Pacino appelle sa fille. Elle ignore que celui qui lui parle est son père. François chante la chanson en duo avec la petite Frédérique Barkoff, la fille de son comptable. Il l'enregistre également en anglais. *Tears on the telephone* devient un petit succès en Grande-Bretagne en 1976.

SPORT

L'AS Saint-Etienne en tête
3 juin 1975. L'AS Saint-Etienne remporte le championnat pour la 8ème fois et réalise le doublé avec la Coupe de France contre Lens (2-0), dont un but magnifique, une reprise de volée de son capitaine Jean-Michel Larqué.

Borg et Evert
15 juin 1975. Björn Borg gagne facilement le tournoi de Roland Garros, il balaye en finale Guillermo Vilas en 3 sets (6-2, 6-3, 6-4). Côté féminin, c'est une finale disputée entre Chris Evert et Martina Navratilova, remportée finalement par l'Américaine. Fait amusant, ces deux joueuses adversaires en simple, gagnent le double dames ensemble.

Niki Lauda champion de F1
Niki Lauda sur Ferrari, en gagnant 5 des 14 grands prix de la saison remporte facilement le titre de champion du monde de Formule 1.

Le Tour de Thévenet
20 juillet 1975. Bernard Thévenet gagne son premier Tour de France devant Eddy Merckx. Cette défaite marque la fin symbolique de ce grand champion. Petit bémol toutefois sur le comportement des spectateurs. En effet lors de la montée du Puy de Dôme, Eddy Merckx est victime d'un coup de poing au foie de la part de l'un deux, geste navrant.

Tour de Corse rallye
9 novembre 1975. Une très belle course très disputée comptant pour le championnat du monde des rallyes. C'est Bernard Darniche au volant de sa Lancia Stratos qui finira premier, son dauphin, Jean-Pierre Nicolas finissant à seulement 32 secondes sur son Alpine A110 1800. Les autres candidats pointent à plus de 10 minutes.

VOUS SOUVENEZ-VOUS ?

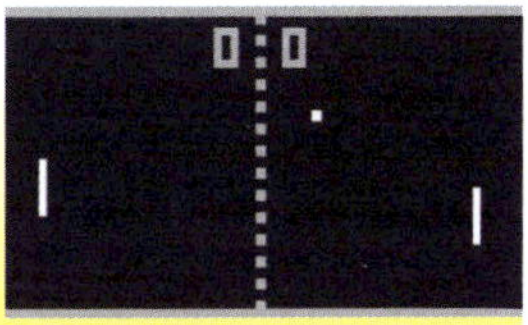

Jeu vidéo Pong

17 JAN 1975
Loi relative à l'interruption volontaire de la grossesse (loi Veil) défendue par Simone Veil.

28 FEV 1975
43 personnes sont tuées dans un accident à la station métro Moorgate à Londres.

8 MAR 1975
L'ONU proclame 1975 'Année de la femme'.

ACTUALITES

L'affaire Mauvillain
9 janvier 1975. Guy Mauvillain, comptable à La Rochelle, est condamné à 18 ans de prison pour le meurtre d'une professeure de piano de 76 ans. Après six ans et demi de prison, il est acquitté en 1985. L'affaire incite à la réforme des procédures d'investigation et à la vigilance face aux risques d'erreurs judiciaires.

Le nouveau cirque est arrivé
Le cirque pratique l'humour. Ainsi le personnage du clown a-t-il évolué vers de nouvelles formes. Ce genre de spectacle théâtralisé remet en question les conventions du cirque. De plus, avec la création des écoles de cirque, des rencontres régionales et nationales sont instaurées, ce qui donne au cirque des touches sportives et artistiques.

Attentats à Orly
13 et 19 janvier 1975. Le 13 janvier, un commando palestinien soutenu par le FPLP (Front Populaire de Libération de la Palestine) tire au bazooka sur un avion israélien, l'erreur de visée aboutit à la destruction d'un avion yougoslave. Le 19 janvier, une fusillade éclate dans l'aéroport et un avion d'Air France est détourné.

La population française
20 février 1975. Recensement de la population : la France compte 52,6 millions d'habitants dont 3,4 millions d'étrangers. On apprend que 96,6 % des logements sont équipés d'eau courante, 69,7% de WC intérieurs, 65 % de baignoires ou douches.

Fluide glacial
1er avril 1975. Fondé par Gotlib, Alexis et Jacques Diament, le magazine est un mensuel de bandes dessinées humoristiques, libertaires, bon enfant avec un brin d'absurdité et de décalage. On y retrouvera entre autres *Les Bidochon*, *Superdupont*, *Gai-Luron*, *Sœur Marie-Thérèse des Batignolles* et *Litteul Kévin*.

L'aéroport Lyon-Satolas
12 avril 1975. Le Président Giscard d'Estaing inaugure l'aéroport de Lyon-Satolas. C'est aujourd'hui le 4ème aéroport de France après Roissy, Orly et Nice.

Fermeture de la prison d'Arenc
16 avril 1975. L'ancienne prison d'Arenc ferme ses portes. Ce fut une prison clandestine réservée aux immigrants algériens en attente d'expulsion et un triste rappel des violations des droits humains.

24 AVR 1975

La dernière DS sort des chaînes de fabrication de Citroën.

7 MAI 1975

Le chancelier ouest-allemand Willy Brandt démissionne après l'arrestation d'un collaborateur pour espionnage.

5 JUN 1975

Confirmation par référendum du maintien de la Grande-Bretagne dans la CEE.

Réforme pénitentiaire
23 mai 1975. Après les mutineries de l'été 1974, la France promulgue un décret pour réformer le système pénitentiaire. La réforme introduit trois catégories de prisons : maisons d'arrêt pour les peines courtes, maisons centrales à sécurité renforcée et centres de détention favorisant la réinsertion sociale.

Le pont de Saint-Nazaire
18 octobre 1975. Le pont de Saint-Nazaire est inauguré en grande pompe après trois ans de construction en présence du président Giscard d'Estaing. Cet ouvrage d'art a permis de désenclaver Saint-Nazaire et de faciliter les échanges entre les deux rives de la Loire.

Attentat de Carlos
27 juin 1975. Le terroriste Carlos se rend coupable, en plein Paris, d'un triple meurtre connu sous le nom de 'Fusillade de la rue Toullier'.

Les Emigrants
Une chanson signée Charles Aznavour. « Comment crois-tu qu'ils sont venus ? Ils sont venus, les poches vides et les mains nues. Pour travailler à tour de bras...» Un hommage à tous ceux qui ont fui leur pays.

La carte Orange
1er juillet 1975. La 'Carte Orange' fait son apparition. Elle est utilisée pour voyager de façon illimitée sur les réseaux de transports en commun, y compris le métro, les bus et les trains de banlieue, pendant une période donnée : hebdomadaire ou mensuelle.

Le classement X
30 décembre 1975. Le terme X désigne un classement attribué aux films interdits aux moins de 18 ans et à caractère pornographique ou avec des scènes de grande violence. Le relâchement de la censure cinématographique en France a conduit à un déferlement de films érotiques et pornographiques. Finalement, plutôt que de repenser à un type de censure, le gouvernement Chirac se range à l'idée d'une taxation.

10 JUL 1975
Le Franc retourne dans le Serpent monétaire européen.

31 AOÛ 1975
Mort de Pierre Blaise, acteur principal de *Lacombe Lucien* de Louis Malle, dans un accident de la route.

4 SEP 1975
Israël se retire jusqu'à la ligne des cols du Sinaï et rend à l'Egypte les champs de pétrole du golfe de Suez.

1975

Le rasoir jetable BIC
31 décembre 1975. La société BIC, créée en 1945 par Marcel Bich, spécialiste des crayons, des stylos à bille et des briquets, lance le premier rasoir jetable mono-lame.

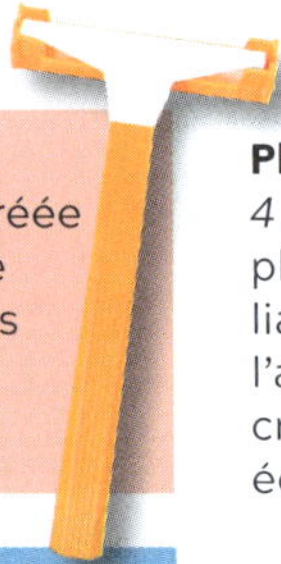

Un maire à Paris !
31 décembre 1975. Le gouvernement Chirac légifère pour recréer le poste de maire de Paris. Le premier maire recensé date du 15 juillet 1789, car le prévôt des marchands en charge de cette fonction a été tué la veille, le jour de la Révolution. Puis Paris connaitra 9 autres maires, sur des périodes très courtes : 1789-1794, puis 1848, puis 1870-1871. Puis pendant plus d'un siècle, de 1871 à 1977, la ville de Paris va être administrée par l'Etat.

Plan de relance
4 septembre 1975. Adoption d'un nouveau plan de relance de l'économie de 30,5 milliards. Le coût des mesures prises durant l'année 1975 va atteindre 54 milliards. La crise pétrolière continue à déstabiliser les économies mondiales.

ACTUALITES INTERNATIONALES

Contre le Channel
20 janvier 1975. Au grand dam de la France, le gouvernement travailliste britannique tire un trait sur le projet de tunnel ferroviaire sous la Manche permettant de relier la France et la Grande-Bretagne.

Le roi Fayçal assassiné
25 mars 1975. Le roi Fayçal d'Arabie Saoudite est assassiné par son neveu, dont les motivations restent floues. Après la levée des doutes sur sa santé mentale, il est reconnu sain d'esprit et sera condamné puis exécuté le 18 juin 1975.

POLITIQUE

3,6 milliards de francs débloqués
25 février 1975. Le président Giscard d'Estaing annonce un plan de soutien de l'économie et débloque 3,6 milliards de francs pour soutenir la consommation des ménages les plus défavorisés.

1 OCT 1975
Le boxeur Muhammad Ali bat Joe Frazier dans le match légendaire 'Thrilla in Manilla'.

17 NOV 1975
Le nombre des chômeurs dépasse un million.

31 DÉC 1975
Le président Giscard d'Estaing évoque la France comme « une puissance moyenne » dans une allocution télévisée.

Naissance de Microsoft
4 avril 1975. Deux amis d'enfance, Bill Gates et Paul Allen, créent leur propre entreprise. Leurs mini-ordinateurs s'adressent aux programmeurs amateurs. Allen la baptise 'Micro-Soft', une abréviation signifiant 'microcomputersoftware'.

Guerre au Liban
13 avril 1975. Début de la guerre civile libanaise, un conflit complexe et dévastateur qui va durer 15 ans. Les racines de ce conflit remontent à plusieurs années avant le déclenchement officiel des hostilités, avec des tensions entre les différentes communautés religieuses et ethniques du Liban, ainsi que des rivalités politiques.

Prise de Phnom Penh
17 avril 1975. Malgré une pluie incessante de bombes larguées par l'armée américaine, les Khmers rouges communistes sortent vainqueurs de la guerre civile qui ravage le Cambodge. Ils entrent dans la capitale Phnom Penh le 17 avril et installent Pol Pot au pouvoir.

Chute de Saïgon
30 avril 1975. Le général nord-vietnamien Văn Tiên Dũng se voit confier la mission de chasser leur ennemi du Sud jusque dans sa dernière cachette. Celle-ci n'est autre que Saïgon. Le 29 avril, l' armée-populaire est prête à 'libérer' la ville. De leur côté, les Sud-vietnamiens ne peuvent que s'avouer vaincus, ayant perdu sous la présidence de Nixon une grande partie du soutien des Etats-Unis. Leur président Duong Văn Minh est arrêté. 4 heures plus tard, il déclare la dissolution du gouvernement de Saïgon, ce qui met fin à la guerre du Viêt Nam.

Bande à Baader
21 mai 1975. A Stuttgart débute le procès de 6 membres de la Fraction armée rouge (RAF), connue sous le nom de 'bande à Baader'. Le groupe a commis plusieurs attentats meurtriers. Le 28 avril 1977, les accusés sont condamnés à la prison à vie. Baader, Meinhof et Ensslin se suicident quelques mois plus tard.

Le procès a profondément marqué l'Allemagne de l'Ouest, provoquant un débat national sur le terrorisme, la violence politique et la justice.

1975

Une vague d'indépendance
Plusieurs pays obtiennent leur indépendance durant cette année 1975 : le Mozambique, le Cap-Vert, Les Comores et Sao Tomé-et-Principe.

Poignée de mains en orbite
17 juillet 1975. Des millions de téléspectateurs à travers le monde assistent à l'amarrage de la capsule américaine Apollo au vaisseau soviétique Soyouz 19. Les commandants Thomas Stafford et Alexeï Leonov échangent une poignée de mains spatiale désormais historique. Un véritable symbole de paix entre les 2 grandes puissances, après 20 ans de Guerre froide.

Premier satellite européen
9 août 1975. Le COS-B devient le premier satellite européen à voyager dans l'espace. Il contribue à dresser la carte de la voie lactée et découvre 25 sources de rayonnements gamma dans l'univers.

Quelle heure est-il ?
Les premières montres numériques à LED sont trop chères pour le commun des consommateurs, jusqu'à ce que Texas Instruments démarre leur production de masse, qui fait appel aux matières plastiques. Lancées au prix de 20 dollars, elles coûteront la moitié de ce prix un an plus tard.

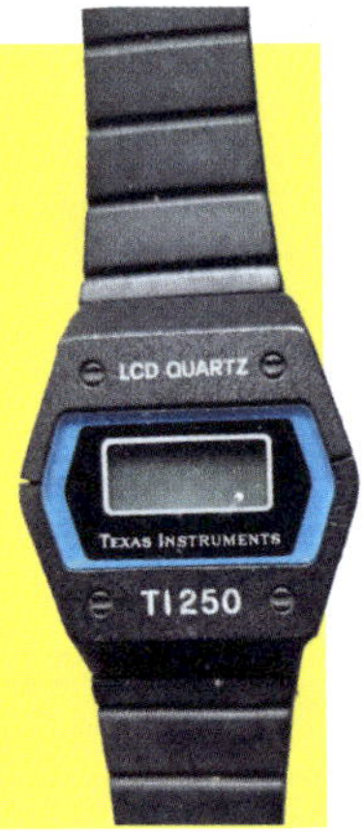

DIVERTISSEMENT

Midi-Première
6 janvier 1975. Présentée par Danièle Gilbert en direct en semaine à midi, l'émission va durer 7 ans. Les conditions du direct vont apporter des moments cocasses, parfois sportifs, musclés, avec à chaque fois la bonne humeur de sa présentatrice. Les chanteurs et chanteuses du moment se pressent à l'émission.

Mort de Franco
20 novembre 1975. Le dictateur fasciste espagnol Francisco Franco décède. Il croyait avoir soigneusement réglé sa succession, au profit du prince Juan Carlos, petit-fils du dernier roi d'Espagne. Comme prévu, le prince est proclamé roi 2 jours après le décès de Franco. Mais contre toute attente, le nouveau monarque soutient un rapprochement avec le mouvement socialiste et les partisans de la démocratie. Il veut aussi accorder davantage de liberté aux Régions comme la Catalogne et le Pays basque.

La Linea
8 janvier 1975. La série d'animation italienne *La Linéa* est lancée en France. Elle met en scène un personnage truculent évoluant sur une ligne façon électroencéphalogramme.

Le petit rapporteur
19 janvier 1975. Attention, émission culte. L'équipe d'impertinents est dirigée par Jacques Martin. Les reportages sont parfois inattendus, particulièrement ceux avec Pierre Desproges qui interviewera Françoise Sagan, ou ceux de Daniel Prévost qui ira visiter le village de Montcuq ou organisera une bataille de boudins blancs dans une charcuterie.

Mort de Pierre Fresnay
9 janvier 1975. Pierre Fresnay était un célèbre acteur français de théâtre et de cinéma. Célèbre pour son jeu naturel et charismatique, il a marqué les écrans avec des rôles mémorables dans des films tels que *La Grande Illusion* (1937) de Jean Renoir et *Le Corbeau* (1943) de Henri-Georges Clouzot.

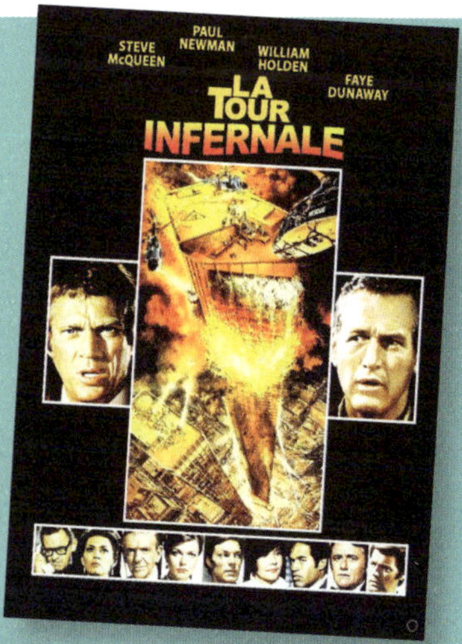

La Tour infernale
12 mars 1975. Sortie du film catastrophe *La Tour infernale* avec une pléiade de stars : Steve McQueen, Paul Newman, Faye Dunaway, Fred Astaire.

Démarrage d'Auto-Moto
11 janvier 1975. Premier numéro de cette émission hebdomadaire traitant de l'actualité automobile et moto, présentée par Georges de Caunes et Jean-Pierre Chapel.

Stade 2
12 janvier 1975. Lancement de l'émission *Sport sur l'A2*, qui deviendra plus tard *Stade 2*. Au démarrage, l'émission est présentée par Robert Chapatte, entouré de journalistes sportifs. C'est un résumé de la semaine et du week-end des événements sportifs majeurs.

Peur sur la ville
9 avril 1975. Réalisé par Henri Verneuil, le film tient le spectateur en haleine pendant 2 heures grâce aux courses poursuites et aux scènes d'action du commissaire Letellier campé par Jean-Paul Belmondo.

1975

Des séries en série
L'année 1975 est marquée par le lancement de plusieurs séries populaires. En janvier d'abord, le Lieutenant *Kojak*, crâne rasé, chapeau et sucette à la bouche, qui enquête dans un district de New-York avec ses collègues, mêlant humour et action. Le même mois, c'est *L'homme qui valait 3 milliards* qui débarque sur les écrans. Steve Austin, homme bionique et ancien pilote d'essai de la NASA, mène des enquêtes et des missions d'espionnage dans un contexte de Guerre froide. En mars, c'est le lancement du dessin animé *Scoubidou* avec Sammy, Fred, Véra et Daphné. Succès garanti ! En décembre, c'est au tour de la série *La planète des singes* de rejoindre les écrans : deux astronautes partis en fusée reviennent sur Terre mais dans le futur où les chimpanzés ont pris l'ascendant sur les humains.

Le vieux fusil
22 août 1975. Un film bouleversant sur le thème de la Seconde Guerre mondiale mettant en scène la vengeance d'un mari vis-à-vis de soldats allemands ayant assassiné sa femme et sa fille sous ses yeux. Philippe Noiret (le mari) et Romy Schneider (sa femme Clara) sont au firmament de leur métier.

Rollerball
12 novembre 1975. Une vision assez sombre du futur à travers le sport *Rollerball* qui doit calmer les pulsions d'une société vivant en paix et dans un confort égalitaire, une sorte de catharsis sociale du peuple. James Caan fait ici une belle prestation.

Sacré Graal
3 décembre 1975. Toute la folie des Monty Python sous le couvert d'un film sur les légendes arthuriennes. Le film est un enchantement pour les amoureux de l'humour britannique. Il fait partie de ces films cultes tournés par cette bande d'Anglais déjantés, absurdes, burlesques !

Le décès de François De Roubaix
21 novembre 1975. Compositeur hors pair, il crée un style musical aux sonorités nouvelles. Il va composer ainsi de nombreuses musiques de film ou de séries dans les années 65 à 75 comme *Les grandes gueules, Les chevaliers du ciel, Chapi Chapo, Les Aventuriers, Adieu l'ami, Ho, Dernier domicile connu* et *Le vieux fusil.*

Catherine Langeais
5 janvier 1975. C'est la fin d'une époque, celle de l'ORTF. C'est Marie-Louise Terrasse alias Catherine Langeais qui clôture la diffusion de la chaîne. Ex-fiancée du futur président François Mitterrand, elle y avait débuté en décembre 1949. Malgré une santé fragile, elle restera donc à l'antenne jusqu'en 1975 pour animer des émissions comme *La séquence du spectateur* ou des émissions culinaires comme *Art et magie de la cuisine.*

Cosmos 1999
13 décembre 1975. Lancement de la série *Cosmos 1999*, programme culte de la décennie pour les amateurs de science-fiction. Le scénario : des déchets nucléaires déposés sur la Lune explosent à côté de la base Alpha avec pour conséquence la sortie de la Lune de l'orbite terrestre et son errance dans le cosmos. Les vaisseaux, les costumes, les personnages créent un univers réussi.

MUSIQUE

Le Sud
25 février 1975. Nino Ferrer dévoile sa chanson *Le Sud* qui deviendra son plus grand succès. Celle-ci est à l'origine écrite par Ferrer en anglais sous le titre *South.* Il espèrait une résonance internationale forte pour ce titre. À tel point qu'il avait d'abord refusé d'en sortir la version française.

Michel Fugain et le Big Bazar
Michel Fugain se lance en tant que leader dans l'aventure du Big Bazar dans les années 1970. Le succès est au rendez-vous avec des chansons telles que *Une belle histoire, Fais comme l'oiseau, La fête, Attention mesdames et messieurs, Chante comme si tu devais mourir demain* et *Les acadiens.*

Joséphine Baker
12 avril 1975. Décès de Joséphine Baker. La célèbre danseuse, chanteuse et militante américaine a conquis le public européen avec ses danses exotiques. Pendant la Seconde Guerre mondiale, elle a été agent secret pour la résistance française. Après la guerre, elle a poursuivi sa carrière artistique et humanitaire.

Seras-tu là ?
Sortie de la chanson *Seras-tu là ?* de Michel Beger. Ce titre évoque la rupture tragique du compositeur avec la belle Véronique Sanson. 2 ans auparavant, la chanteuse sort du studio où elle travaille avec son compagnon d'alors, Michel Berger. Elle ne revient pas. Il apprend qu'elle a pris un vol pour les États-Unis où elle épouse Stephen Stills du groupe américain Crosby, Stills & Nash. Sanson répond en 1976 par la chanson *Je serai là*.

MES 18 PREMIÈRES ANNÉES
TOP 10 1975

1. **10cc** *I'm Not in Love*
2. **Alain Barrière & Noëlle Cordier** *Tu t'en vas*
3. **Joe Dassin** *L'été indien*
4. **Nino Ferrer** *Le sud*
5. **Il était Une Fois** *J'ai encore rêvé d'elle*
6. **Queen** *Bohemian Rhapsody*
7. **Michel Sardou** *Un accident*
8. **Bruce Springsteen** *Born to Run*
9. **Billy Swan** *I Can Help*
10. **Rod Stewart** *Sailing*

Open | Search | Scan

Dave
Ce chanteur néerlandais connait une carrière musicale prolifique à partir des années 1975 en France. Il rencontre le succès en solo avec des chansons romantiques et mélancoliques telles que *Du côté de chez Swann* et *Est-ce par hasard ?* ou *Vanina*. Côté vie privée, il rencontre Patrick Loiseau qui deviendra son parolier et son futur mari. Dave est également connu pour sa personnalité excentrique et son franc-parler.

La bonne du curé
Sortie en 1974, ce titre devient en 1975 le record de vente de disques d'Annie Cordy. La chanson va faire un carton en France et en Belgique avec un petit clin d'œil dans la chanson à son ami Claude François.

V

W

Demis Roussos
Demis Roussos est connu pour sa voix distinctive et son style musical unique, mêlant la pop, la musique folklorique grecque et classique. Il entame une carrière avec des tubes comme *Forever and Ever*, *My Friend the Wind*, *Goodbye My Love Goodbye* et *Quand je t'aime*. Demis Roussos se distingue également par son apparence, avec sa barbe fournie et ses tenues vestimentaires extravagantes.

SPORT

Les Jeux Olympiques d'hiver
3 - 15 février 1976. Avec 37 pays et 1 123 athlètes, c'est une progression modérée par rapport à l'édition précédente. Côté résultats, ce sont l'Union Soviétique et l'Allemagne de l'Est qui raflent plus de 40 % des médailles. Quant à la France, elle sauve l'honneur avec une médaille de bronze en slalom géant pour Danièle Debernard.

L'épopée européenne stéphanoise
Après un quart de finale retour héroïque le 17 mars où l'AS Saint-Etienne prend le dessus sur le Dynamo de Kiev 3 à 0 aux prolongations, l'équipe se hissera en finale contre l'équipe du Bayern de Münich. Le 12 mai, c'est la finale avec l'affaire des poteaux carrés (sous-entendu, et si les poteaux avaient été ronds, que ce serait-il passé ?) Saint-Etienne se procure de nombreuses occasions et par 2 fois va frapper la barre des buts allemands. Mais à la 57e minute, un coup franc allemand va permettre au Bayern d'ouvrir le score et de remporter ce match 1-0. Le 19 juin l'AS Saint-Etienne gagne son 9e titre de Champion de France de Football.

La surprise Panatta
13 juin 1976. Après avoir éliminé Björn Borg en quart de finale, Adriano Panatta, un bel italien très stylé remporte cette édition de Roland-Garros. Ce sera son seul titre en Grand Chelem.

Tabarly à la transat anglaise
29 juin 1976. Avec 120 participants, c'est une édition très mouvementée ! Il y aura malheureusement des disparus, des naufrages, mais on gardera surtout l'image d'un Éric Tabarly qui fera demi-tour à la suite d'avaries, puis se ravisera, pour finalement repartir de l'avant et gagner la course sur son bateau Pen Duyck VI avec une journée d'avance sur le second.

Les adieux de Poulidor au Tour de France
18 juillet 1976. Au-delà de la victoire du belge, Lucien Van Impe, c'est le départ à la retraite de Poulidor qui marque les esprits, il finit 3e à 40 ans, un exemple de longévité dans ce sport si éprouvant.

VOUS SOUVENEZ-VOUS ?

Ghetto-Blaster

21 JAN 1976
L'avion supersonique Concorde effectue son premier vol commercial à destination de Rio de Janeiro.

4 FEV 1976
23 700 personnes perdent la vie dans un tremblement de terre en Honduras et au Guatemala.

15 MAR 1976
Retrait du franc du système monétaire européen (SME).

1976

Médailles à Montréal
17 juillet - 1 août 1976. 92 nations participent à ces Jeux olympiques avec 6 028 athlètes. Une jeune gymnaste roumaine va être une des athlètes phares de ces Jeux olympiques : Nadia Comaneci, elle remporte 5 médailles dont 3 en or et éblouit les écrans par sa grâce. Côté résultats, 3 pays vont se tailler la part du lion : l'Union Soviétique, l'Allemagne de l'Est et les Etats-Unis. Côté français, c'est Guy Drut aux 110 m haies qui va être notre vedette. La France décrochera une autre médaille d'or en équitation par équipes, 3 médailles d'argent et enfin 4 médailles de bronze en terminant 15e au classement des Nations.

C

Championnat de France des rallyes
28 novembre 1976. Bernard Darniche et sa Lancia Stratos gagne le championnat de France des rallyes en remportant 7 épreuves sur les 22. On notera dans le classement général 2 femmes, dont Michèle Mouton qui fera parler d'elle plus tard sur un véhicule révolutionnaire.

D

L'affaire Patrick Henry
30 janvier 1976. Patrick Henry enlève le petit Philippe Bertrand, 7 ans, à la sortie de l'école et demande une rançon aux parents d'un million de francs. Patrick Henry est arrêté mais relaché faute de preuves. Il faudra attendre le témoignage d'un gérant d'hôtel pour finalement le confondre et retrouver malheureusement le corps du jeune enfant assassiné. Patrick Henry échappe à la peine de mort et est condamné à la réclusion criminelle à perpétuité.

ACTUALITES

L'heure d'été rétablie
28 mars 1976. Retour à l'heure d'été après une pause de 31 ans. La crise pétrolière est passée par là.

La sécheresse
L'été 1976 en France, mais aussi dans toute l'Europe, est l'un des étés les plus marquants en raison de la sécheresse exceptionnelle. En agriculture, les rendements vont être gravement affectés, entraînant des pertes de récoltes et des difficultés pour de nombreux agriculteurs. Les pénuries d'eau vont également toucher les réserves d'eau potable, industrielle et agricole. De plus, la sécheresse va favoriser des incendies de forêt. C'est un avant-goût des effets du dérèglement climatique.

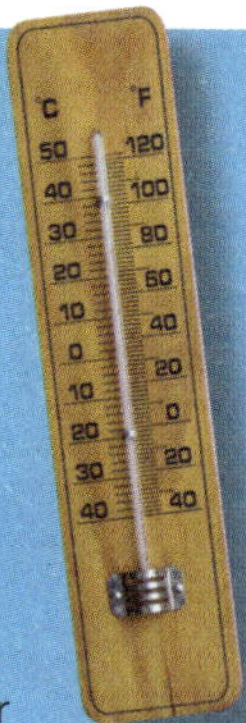

8 AVR 1976
Peugeot prend le contrôle de Citroën via un échange d'actions chez Michelin.

9 MAI 1976
La terroriste Ulrike Meinhof (RAF) est retrouvée morte en prison.

12 JUN 1976
Jacky Ickx et Gijs van Lennep gagnent les 24 heures du Mans dans une Porsche 936.

Procès Christian Ranucci
9 mars 1976. Le procès de Christian Ranucci devant la cour d'assises à Aix-en-Provence se déroule dans un climat très tendu, marqué par l'émotion suscitée suite au meurtre de la petite Marie-Dolorès. Christian Ranucci est condamné à la peine de mort le 10 mars et exécuté le 28 juillet 1976 à la prison des Baumettes. Cette affaire relance le débat sur la peine de mort, qui sera abolie en France en 1981.

Carrefour lance les produits libres
1er avril 1976. Carrefour lance les produits libres sans marque commerciale. Le succès va permettre de 'challenger' les marques pour la chaine commerciale. Les concurrents de Carrefour dans la grande distribution vont suivre le mouvement qui est toujours d'actualité.

Superphénix
15 avril 1976. Superphénix est un réacteur nucléaire expérimental conçu pour être un réacteur à neutrons rapides refroidi au sodium, destiné à être un prototype pour une nouvelle génération de réacteurs nucléaires. Il est confronté à de nombreux problèmes techniques, de sécurité au cours de sa construction et de son exploitation. En 1998 le gouvernement français ferme Superphénix. La centrale est démantelée.

Naissance du Loto
19 mai 1976. Le premier tirage a lieu à Paris ce mercredi, seules quelques grandes villes sont concernées et on recense seulement un peu plus de 70 000 bulletins. La mayonnaise ne prend pas, la société de diffusion est au bord de la faillite. On décide alors de déployer l'offre sur l'ensemble du territoire et 1 an après on compte 4 millions de bulletins.

L'appel du 18 joint
18 juin 1976. Un manifeste est lancé par le magazine *Libération* pour appeler à la légalisation du cannabis. Un jeu de mots qui introduit le texte suivant : « Cigarettes, pastis, aspirine, café, gros rouges, calmants, font partie de notre vie quotidienne. En revanche, un simple 'joint' de cannabis peut vous conduire en prison » ... Aujourd'hui le cannabis n'est toujours pas légalisé en France.

Le casse du siècle
17 - 18 juillet 1976. 6 malfaiteurs réussissent à percer les murs de la salle des coffres de l'agence de la Société Générale à Nice. Ils ont mis plus de 3 mois à creuser un tunnel, en utilisant le réseau d'égouts de la ville. Au cours du week-end de 16 et 17 juillet, ils parviennent à fracturer 337 coffres individuels, s'emparant ainsi d'une somme évaluée à 50 millions de francs. Ils ne laissent aucune trace.

18 JUL 1976
La gymnaste roumaine Nadia Comaneci obtient la note de 10. Du jamais vu aux Jeux Olympiques.

AOÛ 1976
Un tsunami à Mindanao (Philipinnes) coûte la vie à plus de 5 000 personnes.

15 SEP 1976
Création d'un impôt de solidarité contre la sécheresse à la suite de la sécheresse de 1976 en Europe.

Au temps des Schtroumfs
Quand tous les Schtroumpfs sont ensemble... La chanson rappelle le film *La Flûte à six Schtroumfs* d'après la BD *Johan et Pirlouit* (1960) de Peyo. Pirlouit a trouvé une flûte qui a le pouvoir de faire danser jusqu'à la léthargie celui qui écoute sa mélodie, mais Torchesac la lui dérobe. Le film adapté de la BD sort cette année en France.

Jean de Broglie assassiné
24 décembre 1976. Jean de Broglie, politicien français, est assassiné le 24 décembre. Les circonstances et les motifs restent opaques, mêlant affaire financière, vengeance et possible implication de l'etat. L'affaire, très médiatisée, n'a jamais été élucidée.

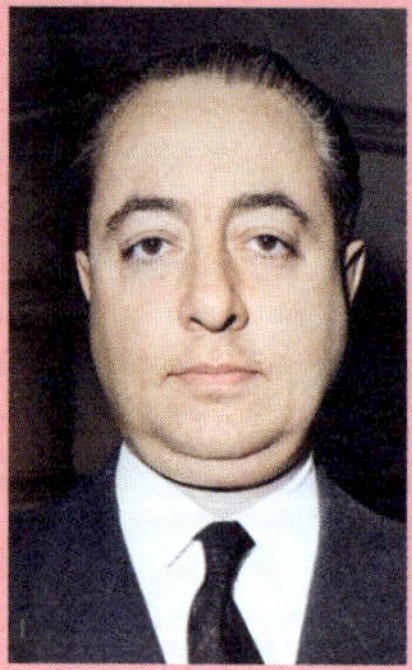

POLITIQUE

Décès d'André Malraux
23 novembre 1976. Malraux, figure multiple, fut à la fois écrivain majeur (*La Condition humaine*), aventurier en Asie, militant antifasciste et résistant, puis ministre visionnaire de la Culture (1959-1969). Son œuvre littéraire et son engagement politique, marqués par la quête de l'absolu et la lutte contre l'injustice, continuent d'inspirer.

Réforme électorale
19 juillet 1976. Désormais il n'est plus possible de se présenter au deuxième tour d'une élection directement et de plus il faudra avoir obtenu un score minimum de 12,5 % du nombre d'électeurs inscrits au premier tour.

VOUS SOUVENEZ-VOUS ?

Téléphone à cadran

Le plan Barre
22 septembre 1976. Raymond Barre lance son premier plan contre l'inflation. Il met en place un véritable plan détaillé sur plusieurs axes pour essayer d'endiguer toutes les conséquences de cette fâcheuse inflation.

15 OCT 1976
Une marée noire à la suite du naufrage du pétrolier Böhlen au large d'Ouessant.

2 NOV 1976
Le démocrate Jimmy Carter devient président aux Etats-Unis.

4 DÉC 1976
Proclamation de l'Empire centrafricain par le futur empereur Jean-Bedel Bokassa.

ACTUALITES INTERNATIONALES

L'exploit de Concorde
21 janvier 1976. Faire un aller-retour Paris-New York ou Paris-Tokyo en un jour : voilà le nouveau défi relevé par le nouvel avion de ligne supersonique franco-britannique Concorde. Mais il faut débourser pas moins de 11 000 dollars pour un billet aller-retour.

J

Les débuts d'Apple
1er avril 1976. Steve Wozniak, Ronald Wayne et Steve Jobs construisent un prototype d'ordinateur personnel à carte assemblée. Il est présenté tant à l'employeur de Wozniak, la marque HP, qu'au fabricant de jeux d'ordinateur Atari. Mais aucun des producteurs n'est intéressé et les trois inventeurs décident aussitôt de commercialiser eux-mêmes leur trouvaille. Il s'agit du premier Apple, d'une puissance de 8 kilobyte, avec 64 kilobyte de stockage. Le 1er avril, les 3 hommes fondent Apple Computer Company. La pomme (apple) fait référence à un régime diététique que suit Steve Jobs. L'ordinateur Apple 1 peut être acquis pour la somme de 666,6 dollars.

K

Pol Pot au pouvoir
13 avril 1976. Pol Pot est nommé premier ministre du Kampuchéa démocratique (Cambodge).

Offense au vin français
24 mai 1976. Un jury de 11 dégustateurs, composé de 9 Français, 1 Britannique et 1 Américain, dégustent à l'aveugle une série de vins français et californiens. Chardonnay pour les blancs, Cabernet Sauvignon pour les rouges. Le résultat est détonnant : les 2 catégories sont remportées par des vins américains. Ce 'Jugement de Paris' restera dans les mémoires et les vins du nouveau monde feront désormais parler d'eux.

Prise d'otages à Djibouti
3 février 1976. La prise d'otages de Loyada est un événement tragique survenu à Loyada près de Djibouti. Des rebelles du Front de libération de la Côte des Somalis (FLCS) attaquent un bus scolaire français transportant 31 enfants français et djiboutiens. Après une intervention militaire française, les otages sont libérés. Malheureusement, 2 enfants français perdent la vie lors de l'opération. Les preneurs d'otages sont tués.

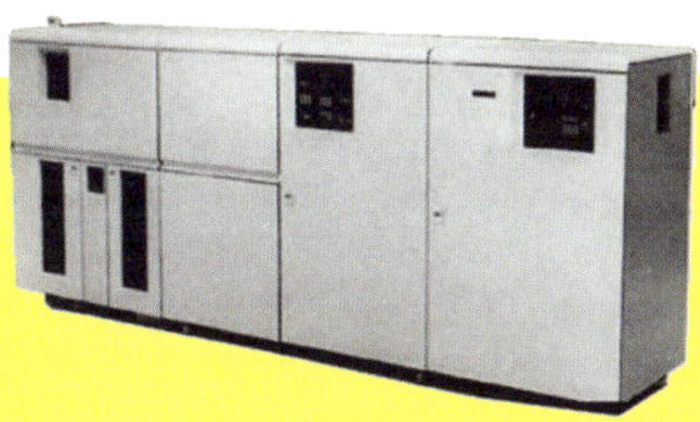

Imprimante laser
1er juillet 1976. Les premières imprimantes à laser font leur apparition dans les centres de données informatiques, pour remplacer les anciennes imprimantes trop lentes lorsqu'il s'agit d'imprimer de gros volumes de documents. La nouvelle machine IBM 3800 mesure 3,75 mètres de long, 1,50 mètre de haut et coûte 17 000 dollars.

1976

Les 2 Viêt-Nam réunis
2 juillet 1976.
Le Nord-Viêt Nam et le Sud-Viêt Nam sont officiellement réunis sous la bannière de la République socialiste du Viêt Nam, marquant la réunification politique du pays.
Le leader nord-vietnamien Hồ Chí Minh devient le premier président, il décède peu après.

Mort de Mao
9 septembre 1976. 'Le Grand Timonier' meurt à l'âge de 82 ans. Il était le président du parti communiste chinois depuis 1943 et a dirigé la Chine depuis 1949. Deng Xiaoping, le nouveau dirigeant, va entreprendre une réhabilitation de plusieurs victimes du système maoïste et ouvrir la Chine à une certaine forme d'économie de marché.

Seveso
10 juillet 1976. La catastrophe survenue à Seveso dans le nord de l'Italie est l'un des pires accidents industriels de l'histoire européenne. L'incident se produit à l'usine chimique Icmesa lorsqu'un réacteur chimique surchauffe, provoquant une explosion et la libération d'un nuage d'herbicide composé de soude caustique et de dioxine, un composé chimique hautement toxique. L'incident suscite une préoccupation mondiale concernant la sécurité des installations industrielles.

DIVERTISSEMENT

Police Python 357
31 mars 1976. Dans un registre policier, le film *Police Python 357* permet de voir un Yves Montand au sommet de son art avec un François Périer ignoble et la présence de Simone Signoret trop rare. Un thriller d'Alain Corneau bien mené et plutôt sombre.

La planète rouge
20 juillet 1976. Sur les traces de signes de vie sur une autre planète, la NASA lance un véhicule spatial inhabité en direction de mars. Ce Viking 1 réalise un atterrissage en douceur sur la planète rouge. Une sonde envoie rapidement des images de Mars vers la terre.

30 millions d'amis
6 janvier 1976. Jean-Pierre Hutin soucieux du bien-être des animaux, lance l'émission *30 millions d'amis*. La mascotte de l'émission Mabrouk est son berger allemand personnel. L'idée est de parler des animaux, essentiellement des chiens et des chats, avec des conseils, la venue de vétérinaires et de proposer aussi des adoptions.

Jacques Tardi
En 1976, l'auteur de bande déssinée et illustrateur Tardi commence une série qu'il poursuit jusqu'en 2022 : *Les Aventures extraordinaires d'Adèle Blanc-Sec*. En 1979, il publie le livre *Ici Même* scénarisé par Jean-Claude Forest.

La peinture paie
Les années 1970 voient arriver les peintres sur les billets de francs, avec Quentin La Tour et Delacroix, et la musique, avec Berlioz et Debussy.

Vol au -dessus d'un nid de coucou
1er mars 1976. Sortie du film époustouflant de Milos Forman avec un Jack Nicholson éblouissant dans le rôle d'une personne qui se fait interner pour éviter d'aller en prison. Sans le savoir il va vivre l'enfer avec l'infirmière Mildred Ratched (Louise Fletcher) qui va le détruire à petits feux, la fin est plutôt tragique ...

Premiers César

3 avril 1976. Autrement appelé la 'nuit des César', c'est le moyen pour avoir un équivalent des Oscars en France. Les trophées sont des compressions métalliques conçues par le sculpteur César. La première édition comporte 13 catégories. Jean Gabin est le président honorifique, Pierre Tchernia, le maitre de cérémonie. On retiendra le César du meilleur film pour *Le Vieux Fusil*, le César du meilleur acteur pour Philippe Noiret dans le même film et le César de la meilleure actrice pour Romy Schneider dans *L'important c'est d'aimer*.

Taxi Driver

28 mai 1976. Le film *Taxi Driver* de Martin Scorsese remporte la Palme d'Or. La qualité du jeu des acteurs Robert de Niro, Jodie Foster, Harvey Keitel, Cybill Shepherd ainsi qu'un scénario de type road-movie d'un chauffeur de taxi voulant combattre les 'méchants' créent une atmosphère prenante durant tout le film.

Commissaire Moulin
4 août 1976. Une série marquée par sa longévité et son acteur iconique Yves Rénier dans le rôle du commissaire Moulin pendant 30 ans. Pour le synopsis, ce sont les enquêtes d'un commissaire de police, avec de l'humour et de la modernité.

Les jeux de 20 heures
22 mars 1976. Première diffusion de l'émission tournée autour des jeux, présentée par Jean-Pierre Descombes le micro à la main parmi la foule, Maitre Capello, et différents présentateurs (Marc Menant, Jean-Pierre Foucault) en studio. Le principe : des questions de culture générale à des vedettes du moment en plateau et une liaison avec des candidats en duplex dans une région de France. Pour arbitrer, le fameux Maitre Capello !

1976

Voici les cassettes VHS
1er septembre 1976. Le Japon veut imposer aux fabricants un seul standard pour les magnétoscopes et leurs cassettes. En 1975, la firme Sony lance son propre standard Betamax, un an plus tard, JVC présente son VHS (Video Home System). Si la qualité de l'image du VHS semble légèrement moins bonne que celle du Betamax, les magnétoscopes de JVC sont moins chers. De plus, les cassettes VHS permettent d'enregistrer jusqu'à deux heures d'images et de son, au lieu d'une heure pour le standard japonais. Dès lors, c'est le VHS qui se révélera être le plus populaire.

Barry Lyndon
8 septembre 1976. Sortie du film réalisé par Stanley Kubrick attirant près de 3,5 millions de spectateurs. On se souvient en particulier de la scène du duel, moment phare du film. Un film historique sur le destin et l'ordre social.

L'empire des sens
15 septembre 1976. Drame érotique franco-japonais, interdit aux moins de 16 ans lors de sa sortie, il aurait pu être interdit aux moins de 18 ans compte tenu des scènes à fort caractère sexuel. Le débat sur ce film se situe sur la différenciation entre l'érotisme et la pornographie.

Thalassa
Georges Pernoud décide de partager sa passion de la mer avec les téléspectateurs. Le magazine de la mer reste l'un des programmes phares du service public. Enfin, on ne peut qu'évoquer le générique, de Guy Pedersen, à la fois psychédélique et envoûtant.

MASH
La série *MASH*, une comédie dans un environnement d'hôpital de guerre fait son apparition, le succès est immense aux Etats-Unis, car il est en lien avec la fin de guerre récente du Viêt Nam. L'accueil français le 7 mars 1976 est plus en recul, le spectateur n'étant pas aussi impliqué.

Thunderbirds
Cette série animée de science-fiction avec des marionnettes a tardé à arriver en France. Elle est sortie aux Etats-Unis dix ans plus tôt. Un peu daté ? A vous de juger.

L'aile ou la cuisse
27 octobre 1976. Le film numéro 1 au Box-Office réunit, dans une satire caricaturale autour de la gastronomie des années 70 et l'arrivée de la nourriture industrielle, 2 acteurs majeurs : Louis de Funès et Coluche. *L'aile ou la cuisse* est une référence dans le genre comédie satirique.

Jean Gabin nous quitte
15 novembre 1976.

Jean Gabin fait partie des acteurs français iconiques, un homme au visage dur, mais sensible à l'intérieur, avec une présence très charismatique à l'écran. Certains films sont devenus des classiques : *La Grande Illusion, Quai des Brumes, La Bête Humaine, La Traversée de Paris, Un singe en Hiver, Les Misérables*. Il a tourné tout au long de sa carrière dans plus de 90 films.

Les jours heureux

3 séries américaines arrivent sur nos écrans : *Les jours heureux*, une série de type comédie autour de la jeunesse et du rock avec sa figure légendaire Fonzie alias Henry Winkler, Puis *Super Jaimie*, une femme bionique avec des pouvoirs assez proches de *L'homme qui valait 3 milliards*. Enfin l'année se termine avec *La petite maison dans la prairie*, la vie d'une famille du Far-West, la famille Ingalls, c'est plutôt bon enfant.

MUSIQUE

Le punk français
Métal Urbain figure dans les livres d'histoire comme le premier groupe punk français signifiant. Il se distingue par sa combinaison originale de rock dur et féroce et d'éléments électroniques. En France, cela ne suscite que peu d'intérêt. À l'étranger, en revanche, la sauce prend et la langue française n'est pas un obstacle. Le célèbre DJ britannique John Peel passe le groupe sur les ondes de la BBC et le single *Paris maquis* est la toute première sortie de Rough Trade Records, une maison de disques londonienne qui se fera plus tard un nom en découvrant, entre autres, les Smiths. Métal Urbain cesse ses activités en 1980, mais est relancé en 2003. Le groupe existe toujours.

Pour et contre
Michel Sardou provoque la controverse avec *Je suis pour*, chanson dans laquelle il plaide pour la peine de mort. La chanson sort au moment de l'affaire Patrick Henry. L'homme est accusé d'avoir assassiné Philippe Bertrand, un enfant de 7 ans. Or, Sardou affirme que *Je suis pour* est un texte sur l'instinct paternel. En revanche, dans sa chanson *La mort des loups*, Léo Ferré s'engage contre la peine de mort. Extrait de 1976, ce titre fait partie de l'album *Je te donne*. La peine de mort sera abolie le 9 octobre 1981.

Oxygène
5 décembre 1976. Jean-Michel Jarre, jeune musicien de 28 ans, fait ses débuts avec la sortie d'*Oxygène*, un album rempli de sons électroniques inconnus et intrigants. Son nom de famille semble familier, il est le fils du compositeur de musiques de films Maurice Jarre. Après des études de lettres, il se lance dans la recherche de nouvelles sonorités et veut être un musicien de son temps. *Oxygène* fait date et montre de nouvelles voies en matière de composition et de production. Il se vend à 18 millions d'exemplaires, dont 1,8 million en France.

MES 18 PREMIÈRES ANNÉES
TOP 10 1976

1. **ABBA** *Dancing Queen*
2. **Boney M.** *Daddy Cool*
3. **Brotherhood of Man** *Save Your Kisses for Me*
4. **Julien Clerc** *This Melody*
5. **Joe Dassin** *Et si tu n'existais pas*
6. **Eagles** *Hotel California*
7. **Jean-Michel Jarre** *Oxygène, Pt. 4*
8. **Elton John & Kiki Dee** *Don't Go Breaking My Heart*
9. **Gérard Lenorman** *Voici les clés*
10. **Nicolas Peyrac** *Et mon père*

Open | Search | Scan

Michel Sardou
Voici un célèbre chanteur populaire, auteur-compositeur-interprète et comédien français. Fils des comédiens Fernand Sardou et Jackie Sardou, il commence sa carrière dans la musique dans les années 1960. Michel Sardou est connu pour ses chansons populaires et ses textes engagés. Il enregistre de nombreux succès comme *Les bals populaires, Le Rire du sergent, La maladie d'amour, Les Lacs du Connemara, En chantant, Je vais t'aimer* et *La java de Broadway*. En plus de sa carrière musicale, Michel Sardou joue dans plusieurs pièces de théâtre. Il est également connu pour son franc-parler et ses prises de position publiques sur divers sujets.

Nicolas Peyrac
Ce fils de 2 médecins est un auteur-compositeur-interprète français né à Rennes. Il est connu pour ses chansons aux mélodies douces et aux textes poétiques illustrées, comme *So Far Away From L.A., Et mon père* et *Je Pars*. Il écrira 3 romans entre 2000 et 2010 et continuera de chanter dans des salles de spectacle intimistes. Une carrière à son image, tranquille et délicate.

SPORT

Tournoi des 5 nations
19 mars 1977. Grand Chelem pour l'équipe de France qui remporte le tournoi. Dans l'équipe on retrouve quelques grands noms du rugby français : une très belle 3e ligne : Jean-Pierre Rives, Jean-Claude Skrela, Jean-Pierre Bastiat, puis Jacques Fouroux (Demi de mêlée), Jean-Pierre Romeu (Ouvreur) et Jean-Michel Aguirre (Arrière).

A

Vilas impérial !
5 juin 1977. Björn Borg étant interdit de tournoi à Roland Garros à cause d'une participation à un circuit parallèle de Tennis, la voie est ouverte aux autres challengers. A ce jeu-là, Guillermo Vilas ne fait qu'une bouchée de ses adversaires jusqu'à la finale qu'il remporte 6-0, 6-3, 6-0. C'est expédié !

B

Nantes champion de France de football
8 juin 1977. Changement au sein de l'élite française, c'est le FC Nantes qui succède à l'équipe de l'AS Saint-Etienne. Au classement des buteurs, Carlos Bianchi (Stade de Reims) est 1er avec 28 buts, à la 2e place on trouve un certain Michel Platini (AS Nancy-Lorraine) avec 25 buts.

Jacques Lafitte, Mr F1
19 juin 1977. Cocorico ! Le Français Jacques Lafitte remporte le Grand Prix de Formule 1 de Suède. Pour le titre mondial, c'est encore Niki Lauda sur Ferrari qui remporte le championnat du monde.

Champion de basket-ball
L'ASVEL, L'AS Villeurbanne Eveil Lyonnais, remporte le championnat de France de basket-ball. Cette équipe domine la période 1966-1981 où elle remporte 8 titres : en moyenne 1 titre tous les 2 ans.

VOUS SOUVENEZ-VOUS ?

Allume-cigare de voiture

Thévenet à son tour
24 juillet 1977. Bernard Thévenet sort vainqueur du Tour de France, son 2e tour en gagnant une seule étape. Il devance le Néerlandais Hennie Kuiper de 48''et le Belge Lucien Van Impe de 3'32'' secondes. C'est le dixième et dernier Tour de France d'Eddy Merckx qui termine 6e.

1 JAN 1977
Le taux normal de la TVA passe de 20% à 17,6%.

26 FEV 1977
Sur TF1 on voit apparaître l'homme araignée Spiderman dans le cadre de la série télévisée d'animation *L'araignée*.

10 MAR 1977
Albert Spaggiari, auteur du 'casse du siècle', s'évade du palais de Justice de Nice.

1977

Tour de Corse
6 novembre 1977. Bernard Darniche intouchable sur cette course, au volant d'une nouvelle voiture, la Fiat 131 Abarth, gagne une fois de plus le Tour de Corse. Il finit cette année-là 3e au championnat du monde des rallyes.

A table !
5 avril 1977. L'équipe française de double mixte composée de Claude Bergeret et de Jacques Secrétin remporte la médaille d'or des championnats du monde de tennis de table. C'est la première médaille d'or depuis la création de la Fédération Française de Tennis de Table (FFTT), 50 ans auparavant. Jacques Secrétin a déjà fait parler de lui en 1976 en gagnant le titre européen en simple messieurs.

ACTUALITES

La bête des Vosges
Un animal mystérieux attaque des troupeaux dans le massif des Vosges. La bête n'est jamais identifiée, mais elle a été décrite comme étant une sorte de grand canidé. L'animal tue plus de 100 moutons, quelques vaches, un taureau et un poulain. Il n'y a aucune preuve scientifique de l'existence de la bête des Vosges, mais elle continue de fasciner.

Françoise Claustre libérée
30 janvier 1977. Fin du calvaire pour les époux Claustre qui sont enfin libérés, avec pour Françoise un total de 33 mois de captivité au Tchad. Celle-ci continuera son métier d'ethnologue dans l'anonymat pour oublier ce passage douloureux de sa vie.

Beaubourg
31 janvier 1977. Lancé et validé fin 1969, le centre 'Beaubourg' ou 'Pompidou' a vocation à créer un lieu pour la culture et l'art moderne au cœur de Paris. Il intègre aussi une bibliothèque publique. Le 31 janvier c'est l'inauguration officielle. La modernité du bâtiment fait grincer quelques dents, mais le public finit par l'adopter.

2-3 AVR 1977
Les rafales de vent atteignent 120 km/h à Château-Chinon, 115 km/h à Bourges.

27 MAI 1977
Le groupe punk des Sex Pistols sort son single au titre évocateur, *God Save the Queen.*

26 JUN 1977
Elvis Presley donne le dernier concert de sa vie à Indianapolis. Il décède un mois et demi plus tard.

Prévert poète
11 avril 1977.
Le poète, scénariste et parolier français Jacques Prévert décède à 77 ans. Prévert est célèbre pour ses recueils de poésie tels que *Paroles, Spectacle* et *La pluie et le beau temps*. Ses poèmes sont souvent caractérisés par leur langage familier, leurs images poétiques et leur critique sociale. En tant que dialoguiste-scénariste, il a collaboré avec le réalisateur Marcel Carné sur des films comme *Le Quai des brumes* et *Les Enfants du paradis*.

Le dernier exécuté
10 septembre 1977. Hamida Djandoubi contraint la jeune Elisabeth à avoir des relations sexuelles tarifées avec 8 hommes. Elle porte plainte et il est condamné à plusieurs mois de prison. Il la retrouve et décide de se venger, il la torture, la viole, la brûle et l'achève en l'étranglant. Il est guillotiné à la prison des Baumettes à Marseille. Il deviendra le dernier exécuté en France.

Agnès Le Roux
27 octobre 1977. Agnès Le Roux, 29 ans, future héritière du casino Le Palais de la Méditerranée, disparait. Renée Le Roux, sa mère, décide de porter plainte en mars 1978 à la suite du transfert d'argent (3 millions de francs) de Maurice Agnelet, l'amant d'Agnès et avocat, vers le compte d'une autre maitresse. L'affaire va durer 37 ans. En 2014 Maurice Agnelet sera condamné à 20 ans de réclusion pour assassinat.

POLITIQUE

Chirac maire de Paris
25 mars 1977. Jacques Chirac est élu maire de Paris, il sera réélu en 1983 et 1989. C'est un véritable tremplin pour ses ambitions présidentielles.

Union de la Gauche ?
23 septembre 1977. Fin des accords entre le Parti Communiste (PC), Les Mouvements Radicaux de Gauche (MRG) et le parti Socialiste (PS). Le terme Union de la Gauche surgira au fur et à mesure des péripéties électorales, des hauts et des bas de chacun.

ACTUALITES INTERNATIONALES

Charte 77
1er janvier 1977. En Tchécoslovaquie, 240 intellectuels et dissidents signent la Charte 77, dans laquelle ils demandent aux dirigeants communistes de respecter les Droits de l'Homme. Certains signataires sont arrêtés. L'un des porte-parole de la Charte, le philosophe Jan Patočka, est arrêté et décède après un interrogatoire de la police.

8 JUL 1977
Des inondations en Gascogne font 16 morts dont 5 à Auch. 51 communes sont sinistrées dans le Gers.

13 AOÛ 1977
Nouveau rassemblement dans le Larzac contre l'extension du camp militaire : environ 50000 manifestants.

5 SEP 1977
Lancement de la sonde spatiale Voyager 1 de la NASA.

1977

Coup d'état raté au Bénin
16 janvier 1977. Le mercenaire Robert Denard dit 'Bob Denard', anticommuniste notoire, lance l'opération Crevette visant à renverser du pouvoir Mathieu Kérékou. C'est un échec, la prise du Bénin avec environ 80 mercenaires n'aura pas lieu.

Séquençage d'ADN
24 février 1977. L'équipe du biochimiste anglais Frederick Sanger réalise un premier séquençage. Côté américain, à la même époque, une autre équipe développe la méthode dite de Maxam et Gilbert. Sanger et Gilbert recevront le prix Nobel de chimie en 1980.

Les droits de la femme
8 mars 1977. L'Organisation des Nations Unies adopte une résolution enjoignant ses pays membres de célébrer 'une journée internationale de la femme'.

Explosion en Mer du Nord
22 avril 1977. Ekofisk est le premier gisement pétrolier découvert en Mer du Nord, à 300 km des côtes norvégiennes. Le 22 avril, une fuite non maitrisée survient sur la plateforme Bravo. Résultat, une perte estimée à plus de 200 000 barils et la pollution marine qui en découle.

Le dernier Orient-Express
20 mai 1977. L'Orient-Express, c'est du rêve, un train de luxe qui vous transporte de Paris à Constantinople (Istanbul) en passant par des capitales comme Vienne ou Budapest, mais aussi par Venise. L'histoire débute en 1883 avec une apogée se situant entre les deux guerres. Après la 2e guerre mondiale et pendant la guerre froide, un lent déclin s'installe. Le dernier train quitte la gare de Lyon à Paris le 20 mai.

Eruption de la Fournaise
24 mars 1977. L'éruption de la Fournaise à La Réunion se déroule sur 2 phases, une première avec des coulées de lave sans conséquences majeures, puis une deuxième à partir d'une autre faille du volcan : une partie du village de Piton Sainte-Rose est détruite.

2 OCT 1977
L'Autrichien Niki Lauda est sacré champion du Monde de Formule 1 pour la deuxième fois.

20 NOV 1977
Le Président égyptien Anouar el-Sadate tient un discours historique au Knesset à Israël.

8 DÉC 1977
Le Président Giscard d'Estaing inaugure la station RER Châtelet-Les Halles à Paris.

Von Braun s'en va
16 juin 1977. Wernher von Braun est un ingénieur aérospatial allemand qui a joué un rôle clé dans le développement des missiles balistiques allemands pendant la Seconde Guerre mondiale. Von Braun est recruté par le régime nazi pour diriger le développement des missiles V-2. Après la guerre, il se rend aux États-Unis. À la NASA, von Braun va diriger le développement du lanceur Saturn V, qui a permis à l'homme de marcher sur la lune lors des missions Apollo. Il décède le 16 juin.

Djibouti indépendant
27 juin 1977. Après un vote écrasant de la population en mai, la République de Djibouti est proclamée indépendante.

Course au pôle Nord
17 août 1977. Le brise-glace soviétique Arktika est le premier à accéder au pôle Nord. Il est capable de briser des couches de glace de 3 mètres d'épaisseur.

La deuxième pomme
Apple lance le premier pc comportant un moniteur et un clavier à touches permettant le déploiement du premier logiciel tableur appelé VisiCalc qui suscite un vif intérêt dans le monde des affaires.

Atari 2600
14 octobre 1977. La console est lancée au prix de 199 dollars, livrée avec une paire de joysticks et le jeu *Combat*. L'Atari 2600 est une console encombrante et relativement lourde. Elle est reconnaissable à ses 6 boutons type 'switch' et sa finition bois. La ludothèque comprend environ 900 titres dont des hits originaux (*Adventure, Kaboom!*) des conversions de jeux d'arcade (*Asteroids, Missile Command*, *Pac-Man*) et les premiers jeux sous licence (*E.T. the Extra-Terrestrial, Raiders of the Lost Ark*, etc.). L'Atari 2600 sort en France le 1er septembre 1981.

Suicide de Baader
18 octobre 1977. Andreas Baader, Gudrun Ensslin et Jan-Carl Raspe, membres fondateurs de la Fraction Armée Rouge (RAF), se suicident dans leurs cellules à la prison de Stuttgart-Stammheim. Ils sont emprisonnés pour une série d'actes terroristes.

Voler à bas coût
25 septembre 1977. La compagnie aérienne britannique Laker Airways propose des vols Londres-New York pour 59 livres, trois fois moins chers que ses concurrents. C'est ce 25 septembre que s'envole le premier « train aérien » qui franchit l'Océan Atlantique. C'est le début des vols à bas prix.

1977

Le dernier match de Pelé
1er octobre 1977. Evénement hors du commun, dans un stade plein comme un œuf à New-York, devant 77 000 spectateurs, Pelé livre son dernier match. Il commence par un discours, durant lequel il craque en annonçant son amour pour le public. Le match est particulier car il oppose les 2 seuls clubs où il a joué durant sa carrière : Santos au Brésil et New-York Cosmos aux Etats-Unis.

La crise des euromissiles
28 octobre 1977. Première étape d'une guerre froide qui va durer 10 ans, les soviétiques déploient des missiles nucléaires SS-20 de moyenne portée (4 500 km), menaçant directement toute l'Europe.

Le sacre de Bokassa 1er
4 décembre 1977. La cérémonie s'inspire du sacre de Napoléon Bonaparte en 1804. L'empereur Bokassa 1er de la République centrafricaine porte une couronne en or, des costumes d'apparat signés par de grands couturiers français et est couronné par l'Archevêque de Bangui. Bokassa sera renversé 2 ans plus tard.

L'école des fans
30 janvier 1977. Une émission musicale où de jeunes enfants de 4 à 8 ans viennent interpréter un couplet d'une chanson de l'invitée du jour. Puis les autres enfants votent. Mais la partie la plus intéressante réside dans l'interview de ces enfants par Jacques Martin.

Les César
19 février 1977. C'est *Monsieur Klein* qui remporte le César du meilleur film, magnifiquement interprété par Alain Delon, un scénario haletant sur fond de Deuxième Guerre mondiale et d'antisémitisme. Le César du meilleur acteur est attribué à Michel Galabru pour sa prestation dans *Le Juge et l'assassin*.

Les têtes brûlées
27 mars 1977. Une série inspirée des faits d'arme de Gregory 'Pappy' Boyington et de son 'Black Sheep Squadron' qui se déroule pendant la Deuxième Guerre mondiale dans le Pacifique. Des pilotes à la marge du système obtiennent des résultats lors de combats aériens avec leur avion Corsair. Rappelons le charismatique Robert Conrad.

DIVERTISSEMENT

Disco à gogo
C'est dans les années 1970 que le vieux patin à roulettes est redécouvert ; sa mode fait fureur. Conjuguée à la musique disco, elle débouchera sur le rollerdisco, une nouvelle façon de se divertir.

Une journée particulière
7 septembre 1977. Un très beau film réalisé par Ettore Scola, interprété par Sophia Loren et Marcello Mastroianni. Dans l'Italie fasciste de 1938, 2 êtres font connaissance dans un immeuble quasi vide à Rome, les autres habitants sont partis assister au défilé du parti.

Téléfoot
16 septembre 1977. Pierre Cangioni et Christian Quidet créent une émission axée 100 % sur le football. Au programme : un résumé de deux matchs de la soirée, des portraits de joueurs, le 'journal du football' et 'les buts venus d'ailleurs'. Et l'émission, record de longévité, existe toujours.

La Menace
28 septembre 1977. Un excellent film policier réalisé par Alain Corneau avec Yves Montand pris dans un engrenage infernal, quand une machination se retourne contre vous ...

L'espion qui m'aimait
12 octobre 1977. Le nouveau James Bond avec Roger Moore, associé à une espionne russe Barbara Bach pour affronter les méchants dont 'Jaws', un géant de plus de 2 mètres avec une mâchoire en fer aussi coupante qu'un rasoir.

La guerre des étoiles
19 octobre 1977. C'est le premier film de la saga de *Star Wars*. Le décor est planté, Un méchant Dark Vader, des gentils (Luke Skywalker, Obi-Wan Kenobi), un pilote contrebandier déjanté, Han Solo joué par Harrison Ford avec ses acolytes : Chewbacca, un wookie de grande taille, et 2 droïdes R2-D2 et C-3PO. Un monde entier avec des planètes spéciales, des créatures étranges, des vaisseaux spatiaux.

Le crabe-tambour
9 novembre 1977. Un magnifique rôle pour Jean Rochefort d'un capitaine de bateau dévoré par un cancer qui effectue sa dernière longue mission en mer et ses échanges avec le médecin de bord joué par Claude Rich.

***Astérix*, œuvre orpheline**
5 novembre 1977. René Goscinny décède d'une crise cardiaque. Il est avant tout connu pour son métier de scénariste de bande dessinée. Goscinny collabore avec le dessinateur Albert Uderzo sur la série *Astérix*. Il a également créé ou cocréé *Lucky Luke* (Morris), *Le Petit Nicolas* (Sempé) et *Iznogoud* (Jean Tabary).

Nous irons tous au paradis
9 novembre 1977. 2e volet de la saga des 4 quadragénaires : Etienne Dorsay, Daniel, Simon et 'Bouly', toujours aussi réussi côté dialogue. Une comédie énergique.

VOUS SOUVENEZ-VOUS ?

Téléviseur couleur

Le *Muppet Show*
20 novembre 1977. Une série télévisée de 5 saisons avec des marionnettes, créée par Jim Henson, présentée par Kermit la grenouille qui joue un régisseur de théâtre. Tout cela se fait autour de la 'guest star' humaine du jour, un acteur, un chanteur. On trouve de nombreux personnages attachants, comme Peggy la Cochonne, Fozzie l'ours, Gonzo, le chef suédois, Jean-Laurent le batteur fou et les deux vieux grincheux au balcon !

Bernard et Bianca
30 novembre 1977. La formule de fin d'année avec un dessin animée Walt Disney fait toujours recette, les 2 petites souris attirent plus de 7,2 millions de curieux !

Diabolo Menthe
14 décembre 1977. Une belle chronique des années 1960 réalisée par Diane Kurys, on y voit 2 sœurs évoluer tout au long de leur année scolaire, rythmée par les émois amoureux, des prises de conscience politique et la relation avec les parents et le beau-père.

Chaplin muet

25 décembre 1977. Charlie Chaplin décède en Suisse. Chaplin est célèbre pour son personnage emblématique de Charlot, un vagabond au pantalon et à la canne en bambou. Il a joué dans de nombreux films muets, dont *Le Kid, Les Lumières de la ville* et *Les Temps modernes*. En plus de son talent d'acteur, Chaplin est également un réalisateur prolifique et innovant. Il est l'un des premiers à utiliser la musique originale dans ses films muets et réalise plusieurs films sonores à succès, dont *Le Dictateur*, dans lequel il critique le nazisme.

MUSIQUE

La mode punk

Le punk qui fait rage en Grande-Bretagne, atteint son sommet lorsque le morceau *God Save the Queen*, du groupe Sex Pistols, occupe la tête du hit-parade. C'est aussi l'époque du premier album d'autres pionniers du punk : The Clash.

Printemps de Bourges

6 - 10 avril 1977. Créé par Daniel Colling, Alain Meillant et Maurice Frot, le 1er festival Printemps de Bourges démarre doucement avec Jacques Higelin, Dick Annegarn, Bernard Lavilliers, Lenny Escudero, Les frères Jacques, Serge Regianni et Charles Trenet. Aujourd'hui, le festival est devenu un incontournable, mêlant des sommités et de futurs talents, le tout à travers différents genres de musique.

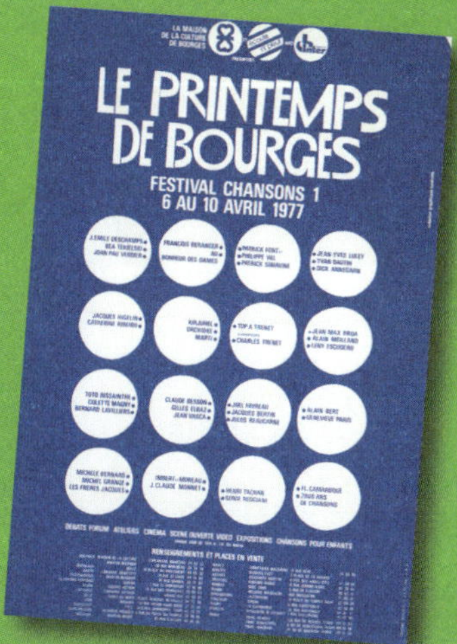

L'Oiseau et l'enfant

7 mai 1977. Marie Myriam remporte le concours Eurovision de la chanson à Londres avec *L'oiseau et l'enfant*. Il s'agit de la cinquième victoire de la France dans ce concours. Myriam, alors agée de 19 ans, est une chanteuse française d'origine portugaise qui a débuté un an plus tôt avec le single *Ma colombe*.

1977

La soprano s'éteint
16 septembre 1977. Surnommée 'La Diva Assoluta', Maria Callas est considérée comme l'une des plus grandes sopranos de l'histoire de l'opéra. Sa voix puissante, son émotion intense et son interprétation dramatique ont captivé le public du monde entier. Malgré une vie personnelle mouvementée, notamment ses relations tumultueuses avec le milliardaire grec Onassis, elle reste une figure emblématique de l'opéra.

Sheila
La chanteuse française Sheila opte pour quelque chose de complètement différent. La 'girl next door' préférée devient une reine du disco. Elle commence à chanter en anglais et forme Sheila B. Devotion avec trois acteurs et chanteurs américains. Le premier single *Love me baby* sort anonymement. Sur les premiers pressages destinés aux radios, S.B. Devotion est mentionné. Cette mention est rapidement déchiffrée. *Love me baby* devient un grand succès en Europe, surtout en Allemagne et en Italie.

Boney M.
Boney M. est un groupe de disco-pop allemand. Boney M. est particulièrement connu pour une série de titres comme *Daddy Cool*, *Rivers of Babylon*, *Ma Baker* et *Rasputin*. Leur musique est caractérisée par des rythmes entraînants, des mélodies accrocheuses et des arrangements disco.

MES 18 PREMIÈRES ANNÉES

TOP 10 1977

1. **ABBA** *Knowing Me, Knowing You*
2. **Boney M.** *Ma Baker*
3. **David Bowie** *Heroes*
4. **Fleetwood Mac** *Go Your Own Way*
5. **Marie Myriam** *L'oiseau et l'enfant*
6. **Michel Polnareff** *Lettre à France*
7. **Queen** *We Are the Champions*
8. **Michel Sardou** *La java de Broadway*
9. **Téléphone** *Hygiaphone*
10. **Laurent Voulzy** *Rockollection*

Open | Search | Scan

Le roi meurt
16 août 1977. Elvis Presley est retrouvé mort, gisant sur le sol de sa salle de bain à Memphis, aux Etats-Unis. Graceland, la demeure qu'il occupait, devient vite un lieu de pèlerinage. Elvis a placé pas moins de 18 chansons en numéro 1 du hit-parade. Parmi elles, *It's Now or Never*, *Wooden Heart*, *Good Luck Charm* et *(You're the) Devil in Disguise*.

SPORT

Rallye de Monte-Carlo
21 - 28 janvier 1978. Les pilotes français écrasent la concurrence avec 6 français dans les 7 premières places. C'est Jean-Pierre Nicolas sur Porche Carrera qui l'emporte devant Jean Ragnotti et Guy Fréquelin (les 2 sur Renault 5 Alpine). Michèle Mouton finit 7ème et accrochera une 4ème place aux championnats du monde des rallyes, le meilleur français Jean-Pierre Nicolas, finissant quant à lui 2ème.

Les couronnes pour Monaco et Nancy
2 mai 1978. L'AS Monaco est sacré champion de France avec une attaque redoutable de plus de 2 buts par matchs. On notera la belle performance du buteur Carlos Bianchi, avec 37 buts sous les couleurs du Paris Saint-Germain FC. La coupe de France est remportée (1-0) par l'AS Nancy-Lorraine contre l'OGC Nice, un but de Michel Platini évidemment !

Grand Prix de Monaco
7 mai 1978. Patrick Depailler sur sa voiture Tyrell-Ford remporte le premier GP de sa carrière, l'un des plus prestigieux pour les pilotes : Monaco ! Il finit meilleur pilote français au championnat du monde de Formule 1. Le vainqueur cette année est l'Américain Mario Andretti.

24 Heures du Mans
11 juin 1978. Un nouveau duo français, Didier Pironi et Jean-Pierre Jaussaud, gagne sur une nouvelle voiture française : la Renault Alpine A442B.

Borg : le retour gagnant
11 juin 1978. Pour le Suédois qui bat en finale du tournoi de Roland-Garros le vainqueur de l'année précédente Guillermo Vilas (6-1, 6-1, 6-3). Côté dame, c'est l'année de la roumaine Virginia Ruzici qui remporte le simple mais aussi le double dames.

Hinault vainqueur de la Grande Boucle
23 juillet 1978. Première participation et première victoire pour Bernard Hinault devant le Néerlandais Joop Zoetemelk et le Portugais Joaquim Agostinho. Il remporte la même année le Tour d'Espagne.

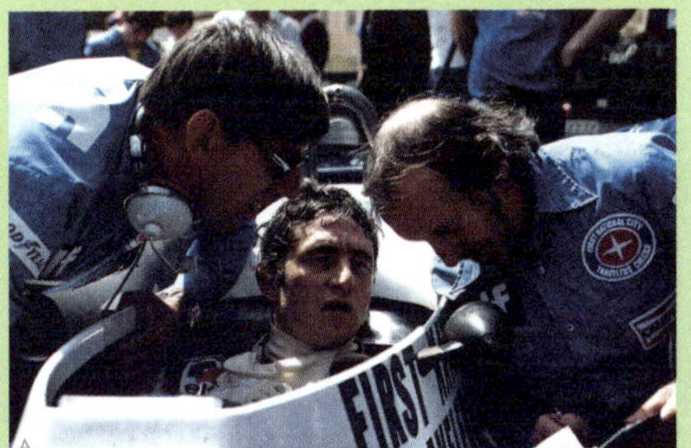

11 JAN 1978
Première diffusion du tirage du Loto à la télévision.

21 FEV 1978
Les ruines du Templo Mayor, grand temple aztèque, sont retrouvées à Mexico.

11 MAR 1978
La mort du chanteur Claude François à l'âge de 39 ans.

1978

Coupe du monde de football
1 - 25 juin 1978. La France refait son apparition à la Coupe du monde. Elle n'ira pas plus loin que les poules, car son groupe est constitué de l'Argentine contre qui elle va perdre sur un pénaltie litigieux (1-2), et de l'Italie, défaite 1-2 malgré un bon début de match. La France sauve tout de même l'honneur en gagnant 3-1 contre la Hongrie en jouant avec un maillot vert et blanc prêté par un club local. Les deux équipes s'étaient en effet toutes deux présentées en blanc avant le coup d'envoi. L'Argentine et les Pays-Bas (3-1) s'affrontent en finale dans une ambiance folle.

La Route du Rhum
5 novembre 1978. Première édition de la course en solitaire. A l'arrivée, seules 98 petites secondes séparent le premier, Mike Birch, du deuxième, Michel Malinovski. La course est malheuresement endeuillée avec la disparition du navigateur français Alain Colas au large des Açores.

Quels sont les sports inventés en France ?
Le jeu de paume, la pelote basque, la balle au tambourin, le cyclisme, le sport automobile, le sport motocycliste, la boxe française, l'escrime, le billard et la pétanque.

ACTUALITES

L'affaire du baron Empain
23 janvier 1978. Le baron Empain (Belge), PDG de la société Schneider, est enlevé à Paris par des ravisseurs qui réclament 40 millions de francs. Il sera libéré 63 jours après son enlèvement. Ses ravisseurs finiront capturés.

Polanski en France
1er février 1978. Le réalisateur Roman Polanski fuit les Etats-Unis pour la France à la suite d'une affaire d'abus sexuel sur mineure.

Le Plan Vigipirate
7 février 1978. Le Plan Vigipirate est un dispositif de sécurité contre les menaces terroristes. Il propose différents niveaux de vigilance. Il vise à prévenir les attaques, protéger la population et sécuriser les infrastructures sensibles. Son objectif est d'assurer une réponse rapide et efficace face aux menaces terroristes.

28 AVR 1978
Ouverture d'une salle de concert rock alternative à Lyon, le Rock'n Roll Mops.

19 MAI 1978
Opération Léopard. 2 500 parachutistes français libèrent Kolwezi au Zaïre pris par des rebelles Katangais.

10 JUN 1978
L'équipe de basket-ball américaine Harlem Globetrotters fait le show au Palais des Sports de Grenoble.

Nouvelle Cuisine
La 'Nouvelle Cuisine' commence à s'imposer dans le monde gastronomique, avec des préparations plus légères et des portions parfois très frugales, une tendance ouvertement encouragée et sans doute initiée par le fameux guide *Gault et Millau*. Les produits méditerranéens comme les courgettes, les aubergines ou les pois chiches commencent à se faire une place sur les étals des marchés du nord de l'Europe. Dans la cuisine, le percolateur remplace la cafetière traditionnelle.

Marée noire
16 mars 1978. Faisant route vers Rotterdam, chargé de 1,6 million de barils de pétrole brut, le pétrolier Amoco Cadiz s'échoue devant les côtes bretonnes. Le lendemain, le navire est carrément coupé en deux et laisse échapper 220 000 tonnes de pétrole, provoquant la plus grande catastrophe pétrolière de l'histoire.

Game on
1er juillet 1978. *Space Invaders*, axé sur la science fiction, change les règles du jeu vidéo avec son design futuriste. Ce jeu japonais joué sur l'Atari 2600 ou Commodore 64 lance l'âge d'or des jeux vidéo.

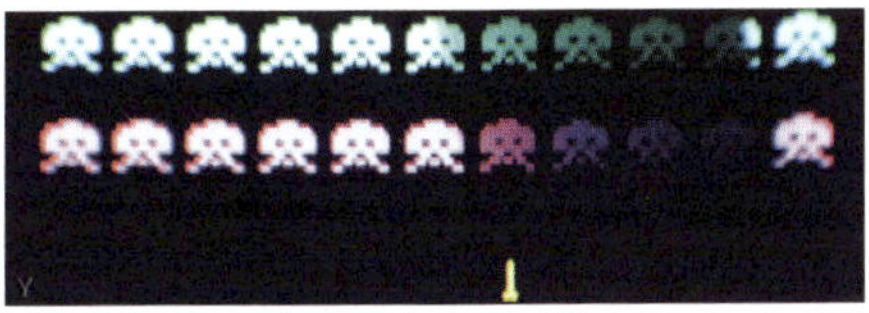

L'affaire Tonglet Castellano
2 - 3 mai 1978. Ouverture du procès de l'affaire, fait historique, devant la cour d'assises. L'affaire traite du viol collectif aggravé de violences de deux jeunes femmes Belges à Marseille en 1974. Une des deux victimes devra se faire avorter dans l'illégalité. Grâce au rôle de l'avocate Gisèle Halimi, cette affaire marque un tournant dans la prise de conscience par la société de la gravité du viol et de ses conséquences pour les victimes. En 1980, le viol devient en France un crime puni de 15 ans de réclusion criminelle.

Premier vol du Mirage 2000
10 mars 1978. Cet avion de chasse polyvalent, conçu par Dassault Aviation, est devenu un pilier de l'Armée de l'air française. Avec ses capacités avancées en matière de combat aérien et de frappe au sol, le Mirage 2000 est un élément crucial de la défense et de la dissuasion pendant des décennies.

31 JUL 1978
Prise d'otage à l'ambassade d'Irak à Paris. Un inspecteur de police est tué.

17 AOÛ 1978
3 Américains effectuent un vol de 5 001 km dans une montgolfière remplie d'hélium au-dessus de l'Océan Atlantique.

8 SEP 1978
Les îles Galapagos figurent sur la liste du patrimoine mondial de l'UNESCO.

Mesrine s'enfuit
8 mai 1978. Evasion rocambolesque de Jacques Mesrine et François Besse de la prison de la Santé de Paris. A l'aide d'une arme factice, ils se font ouvrir différentes portes, prennent les uniformes des gardiens puis escaladent le mur d'enceinte grâce à une échelle de travaux. Une fois libre, les braquages vont s'accumuler les jours et mois suivants : une armurerie, un casino, une banque... Mesrine tente d'assassiner le juge Petit qui l'a condamné, mais il échoue.

Violence à Versailles
26 juin 1978. Un éclair de violence frappe un symbole du patrimoine français : le château de Versailles. Une bombe explose dans l'aile du Midi, causant d'importants dégâts dans la galerie des Batailles et d'autres salles. Le Front de libération de la Bretagne (FLB) revendique l'attentat. Les auteurs sont condamnés à 15 ans de prison puis amnistiés en 1981.

Peugeot rachète Chrysler
10 août 1978. Peugeot rachète Chrysler Europe pour 1 milliard de francs, devenant le numéro 1 européen et le numéro 4 mondial de l'industrie automobile.

PEUGEOT

Combler le vide
On évite les moments de blanc dans les dialogues ou les conversations. Lorsqu'un Français réfléchit ou prend du temps à répondre, il utilise des petits mots pour éviter le silence. Pensez au fameux 'euh' qui sert à combler le vide dans une phrase. Vous hésitez avant de commander une glace ? Bah, eh ben, voilà, tu vois...

Manifester
On manifeste contre les violences policières, contre la réforme des retraites, contre la hausse des prix... Bref, les Français descendent dans la rue pour montrer leur mécontentement. Au fait, en France, on profite du droit de manifester pour revendiquer les droits fondamentaux durement acquis. Justifié, non ?

Khomeinl en France
6 octobre 1978. Dans le cadre de son exil d'Iran, Khomeiny arrive en France et s'installe à Neauphle-le-Château. Il repart dès le 1er février en Iran, les jours du Shah d'Iran sont comptés.

16 OCT 1978
L'archevêque polonais Karol Wojtyla est élu comme pape Jean-Paul II.

10 NOV 1978
Le boxeur Larry Holmes bat Alfredo Evangelista au championnat du monde des poids lourds.

26 DÉC 1978
Le premier rallye Paris-Dakar part de Paris. Le coureur moto français Cyril Neveu arrive en tête.

Panne d'électricité
19 décembre 1978. Une panne de courant géante se produit suite à la défaillance d'une ligne à très haute tension en Meurthe et Moselle. Cette panne a un effet domino et prive une grande partie de la France d'électricité pendant 4 heures.

La sidérurgie au tapis
19 décembre 1978. 20 000 manifestants à Longwy et 25 000 manifestants à Denain contre le plan de restructuration de la sidérurgie. C'est la lente et inexorable agonie d'un secteur industriel.

POLITIQUE

Fondation de l'UDF
1er février 1978. L'UDF (Union pour la Démocratie Française) est créée pour aider le président en place Valéry Giscard d'Estaing à disposer d'un parti le soutenant en vu des législatives, qui s'annoncent difficiles pour la droite.

Elections législatives
19 mars 1978. Entre la rupture du programme commun de la gauche et l'apparition de l'UDF, c'est finalement la coalition RPR-UDF qui obtient une majorité présidentielle à l'assemblée.

ACTUALITES INTERNATIONALES

La dernière Coccinelle
19 janvier 1978. Fin de production de la Coccinelle en Allemagne pour le marché européen. La construction va continuer en Amérique centrale et en Amérique du Sud. C'est le 30 juillet 2003 que la dernière Coccinelle sort des chaînes de production au Mexique.

Aldo Moro assassiné
16 mars 1978. Les terroristes italiens des 'Brigades Rouges' enlèvent un ancien premier ministre de leur pays, Aldo Moro. 55 jours plus tard à Rome, on retrouve sa dépouille criblée de 12 balles dans le coffre d'une Renault 4L.

Le premier bébé éprouvette
25 juillet 1978. C'est la date de naissance de Louise Brown, premier bébé éprouvette conçu in-vitro, à l'hôpital Royal Oldham en Angleterre.

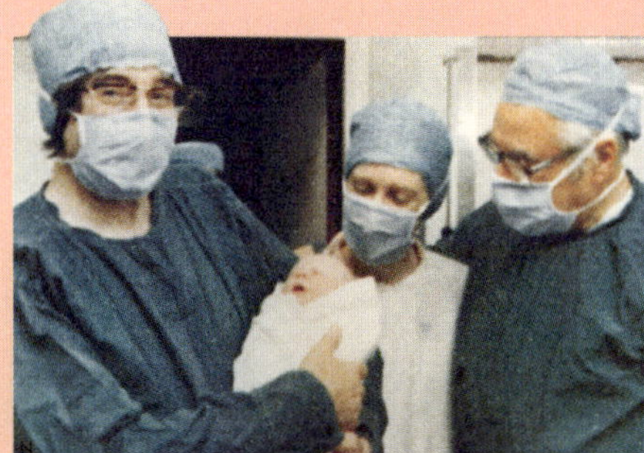

1978

Une année pour trois papes
6 août - 16 octobre 1978. Le Pape Paul VI décède d'une crise cardiaque. Un bref conclave élit un successeur, Albino Luciani, sous le nom de Jean-Paul Ier. Ce dernier n'a qu'un règne éphémère, puisqu'il décède le 28 septembre. Après la convocation d'un nouveau conclave, c'est un Polonais, Karol Józef Wojtyla, qui est élu Pape.

Peugeot 103 SP

Les 'boat-people'
9 novembre 1978. Parties de Saïgon pour fuir le pouvoir communiste, 2 500 personnes se sont entassées sur le cargo Haï Hong. Les Nations Unies leur reconnaissent le statut de réfugiés. La France en accueillera 238.

Traversée de l'Atlantique
17 août 1978. 3 Américains atterrissent dans un champ d'orge dans l'Eure. Avec leur ballon Double Eagle II gonflé à l'hélium, ils sont partis de l'état du Maine (USA) 137 heures auparavant, soit 5 jours et 17h, en ayant parcouru un peu plus de 5 000 km, un nouveau record.

Temple du Peuple
18 novembre 1978. Le suicide collectif de la secte du Temple du Peuple, dirigée par Jim Jones, se déroule le 18 novembre 1978 à Jonestown, en Guyana (Amérique du Sud). Jim Jones ordonne à ses adeptes de boire un mélange de jus d'orange et de cyanure, entraînant la mort de plus de 900 personnes, y compris des enfants.

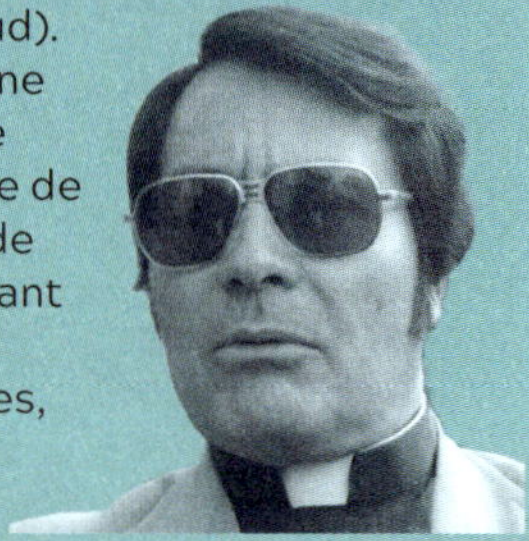

L'après Mao
1er décembre 1978. Sous la houlette de Deng Xiaoping, la Chine entreprend de larges réformes qui entraîneront un spectaculaire développement économique. Sa politique d'ouverture s'exprimera aussi dans les domaines du commerce extérieur et de la diplomatie.

Les accords de Camp David
27 octobre 1978. Le président égyptien Anouar el-Sadate et le Premier ministre israélien Menahem Begin apposent leurs signatures au bas des accords de Camp David, conclus sous la houlette des Etats-Unis. L'Egypte y reconnaît le droit à l'existence de l'Etat d'Israël, alors que celui-ci accepte de restituer le désert du Sinaï à son voisin égyptien. Le 27 octobre, Sadate et Begin reçoivent le Prix Nobel de la Paix.

DIVERTISSEMENT

Grease
La comédie musicale *Grease* attire les foules dans les salles obscures. On y retrouve John Travolta et Olivia Newton-John pour partenaire.

Drôles de dames
8 janvier 1978. Un mystérieux Charlie dirige une agence de détectives. Par l'intermédiaire de son équipier John Bosley, il emploie 3 jeunes femmes de la police, talentueuses, intelligentes et indépendantes pour résoudre des enquêtes plus ou moins dangereuses.

Superman
L'acteur américain Christopher Reeve incarne le super héros de BD Superman dans le film le plus onéreux jamais réalisé. Mais il rapportera 300 millions de dollars, soit 5 fois plus que ce qu'il a coûté.

L'Hôtel de la plage
11 janvier 1978. Une comédie réalisée par Michel Lang : les désirs, les rivalités, les amours d'un groupe de personnes qui se retrouvent chaque année pour les grandes vacances à l'Hôtel de la plage, en Bretagne.

Les César
4 février 1978. Simone Signoret décroche la récompense de la meilleure actrice pour son rôle magnifique dans le film *La vie devant soi* tiré du roman éponyme de Romain Gary et prix Goncourt 1975. Enfin le film *Providence* d'Alain Resnais remporte 7 César dont celui du meilleur film.

Rencontres du troisième type
24 février 1978. Réalisé par Steven Spielberg, une aventure humaine sur fond de science-fiction avec des effets spéciaux, une belle intrigue et François Truffaut parmi les acteurs principaux.

Serpico
25 février 1978. Après le livre et le film, sortie de la série dans laquelle un inspecteur de police, Serpico, joué magnifiquement par David Birney, démasque la corromption de ses collègues policiers.

Starsky et Hutch
10 juin 1978. On a tous la musique du générique en tête juste à l'évocation du titre. Mais aussi des images : la voiture rouge et blanche, le capitaine Dobey et Huggy les bons tuyaux. Les deux acteurs principaux Starsky (Paul Michael Glaser) et Hutch (David Soul) forment un duo d'enfer maniant humour et action. Le doublage des voix par Jacques Balutin et Francis Lax apporte un cachet particulier.

1978

Récré A2
3 juillet 1978. Une émission pour la jeunesse qui va durer 10 ans. Elle sera animée par nombre de présentateurs différents, notamment Dorothée qui fait ses débuts à la télévision. La série *Goldorak* y fait aussi son apparition.

La cage aux folles
25 octobre 1978. Sortie du film tiré de la pièce de théâtre éponyme où jouait le duo Poiret-Serrault. Dans la version cinéma on ne retrouve que Michel Serrault. C'est Ugo Tognazzi qui remplace Jean Poiret dans cette comédie autour de l'homosexualité.

Midnight Express
13 septembre 1978. Réalisé par Alan Parker, c'est le film le plus vu en France en 1978. Il s'agit de l'histoire vraie de William Hayes, campé ici par Brad Davis. Hayes est emprisonné en Turquie en 1970 pour possession et transport de haschisch. Il se montrera par ailleurs critique envers le film.

Les Bronzés
1er novembre 1978. Cette comédie, qui deviendra culte, attire 2,3 millions de spectateurs. La Troupe du Splendid est au complet. On suit les pérégrinations de différents personnages dans un club de vacances, inspiré des célèbres Club Med. Certains se détendent, d'autres cherchent à conclure.

L'âge de cristal
17 septembre 1978. Une série de science-fiction dans lequel la vie s'achève lorsque l'on atteint son trentième anniversaire pour limiter la surpopulation. Logan 23 fait partie de la police chargée d'abattre les rebelles. Lors d'une traque de fugitifs, il rencontre Jessica 6 qui lui explique qu'il existe un autre monde où chacun peut vivre au-delà des 30 ans.

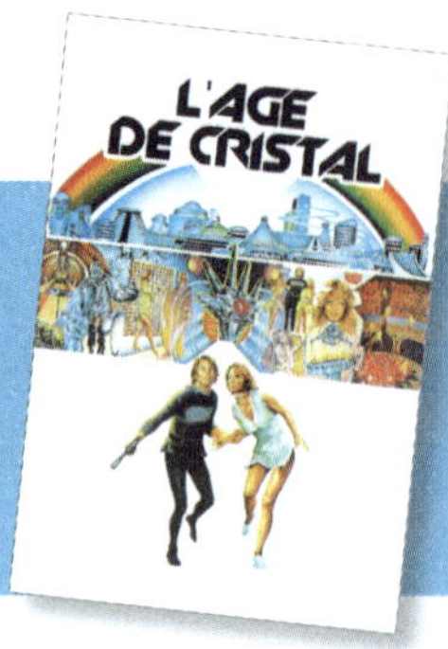

MUSIQUE

Ça plane pour moi
La chanson lancée à la fin de l'année 1977 fait un carton. On retient son chanteur au look improbable, le belge Plastic Bertrand, avec un débit de paroles et une énergie électrique.

Sex Pistols
14 janvier 1978. Dernier concert des Sex Pistols, au Winterland Ballroom de San Francisco, après moins de 3 ans d'existence tumultueuse.

Alexandrie Alexandra

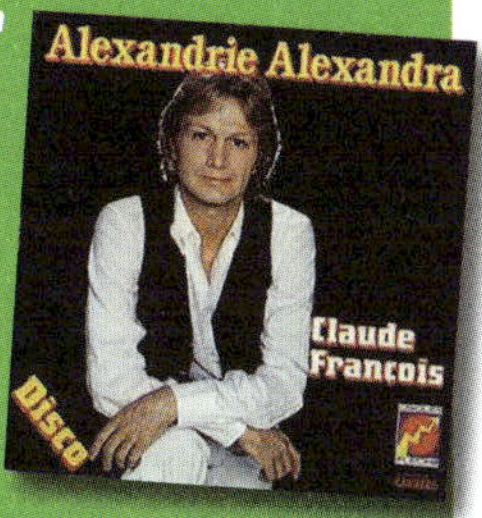

15 mars 1978. Alors que le producteur américain Lamont Dozier rend visite à Claude François en 1977, il joue au piano une chanson sur laquelle il travaille. Il s'agit du classique disco *Going back to my roots* d'Odyssey. Cette chanson inspire à François la structure musicale d'*Alexandrie Alexandra*. Il écrit des paroles sur son Égypte natale, qu'il a dû quitter à l'été 1956 après la nationalisation du canal de Suez. C'est l'un des derniers enregistrements du chanteur, qui meurt accidentellement le 11 mars. *Alexandrie Alexandra* sort en single 4 jours plus tard, le jour de ses funérailles.

Village People
Le producteur Jacques Morali et l'homme d'affaires Henri Belolo s'installent à New York en 1977 pour tenter leur chance dans l'industrie musicale. Dans un bar gay de Greenwich, Morali rencontre un danseur habillé en Amérindien. Cela lui donne l'idée de créer un groupe pour attirer la communauté gay. Village People compte six membres aux tenues distinctes : un policier, un soldat, un ouvrier du bâtiment, un cow-boy, un motard et un Sioux. *In Hollywood* est un premier succès au cours de l'été 1978. Ensuite, *Y.M.CA.* et *In the navy* ont pris le monde d'assaut.

Décès de Claude François
11 mars 1978. Claude François décède brutalement des suites d'une électrocution en voulant réparer une ampoule dans sa baignoire. Il laisse une œuvre colossale démarrée dans les années 1960 : *Comme d'habitude, Belles, belles, belles, Le lundi au soleil, Alexandrie Alexandra, Cette année-là , Magnolias for ever, Si j'avais un marteau, Le téléphone pleure*. Il est connu pour ses apparitions scéniques endiablées, entouré des Clodettes. On considère qu'il a vendu 70 millions de disques et donné 1 200 concerts.

Un garçon pas comme les autres
Ziggy, c'est un garçon pas comme les autres est un des titres phares de l'opéra-rock à succès *Starmania* dont l'album studio sort en 1978. Une chanson écrite par Luc Plamondon et Michel Berger qui narre l'amour passionné mais impossible d'une femme pour un homme homosexuel.

MES 18 PREMIÈRES ANNÉES
TOP 10 1978

1. **Daniel Balavoine** *Le chanteur*
2. **Bee Gees** *Stayin' Alive*
3. **Dire Straits** *Sultans of Swing*
4. **Yves Duteil** *Prendre un enfant*
5. **Claude François** *Alexandrie Alexandra*
6. **Noam** *Goldorak*
7. **Michel Sardou** *En chantant*
8. **Umberto Tozzi** *Ti amo*
9. **Travolta & Newton-John** *You're the one (...)*
10. **Village People** *Y.M.C.A.*

Open | Search | Scan

Chorus
Présentée le dimanche en direct du Théâtre de l'Empire à Paris par Antoine de Caunes et Jacky, *Chorus* est une émission musicale autour du rock. Les plus grands groupes, de pop et rock, de l'époque y sont accueillis : The Clash, Téléphone, The Cure, The Stranglers, Madness, Tom Waits ou encore Jacques Higelin, Police...

Le départ de Jacques Brel
9 octobre 1978. Jacques Brel décède des suites d'un cancer des poumons. Ce Bruxellois exilé en France est devenu un véritable monument de la chanson française, avec des succès devenus de véritables classiques tels que: *Ne me quitte pas*, *Marieke*, *Le moribond*, *Le plat pays*, *La chanson des vieux amants*, *Voir un ami pleurer*... Brel meurt à Paris à l'âge de 49 ans mais repose au cimetière d'Atuona, dans l'île d'Hiva Oa, aux Marquises, tout près de la tombe du peintre Paul Gauguin. Il a en effet passé la dernière partie de sa vie en Polynésie française.

Prendre un enfant
3 avril 1978. Monique Le Marcis, directrice de RTL assiste à un concert d'Yves Duteil à Paris. Elle constate l'engouement du public pour la chanson *Prendre un enfant*, issu de l'album *Tarantelle*. La maison de disques s'empresse de sortir un single qui devient une chanson à succès.

SPORT

Le premier Paris-Dakar
14 janvier 1979. Le premier Rallye Raid Paris-Dakar compte 182 véhicules au départ, seuls 74 termineront. L'organisateur Thierry Sabine a été lui-même pilote de rallye, pilote de courses, puis organisateur de l'Enduro du Touquet. Tous ces éléments l'ont conduit à créer ce Rallye Raid nouvelle mouture. C'est Cyril Neveu qui l'emporte, sur moto.

La Formule 1 des pilotes français
1er juillet 1979. Les derniers tours de cette course donnent lieu à un duel époustouflant entre Gilles Villeneuve et René Arnoux, qui finiront respectivement 2ème et 3ème. Jean-Pierre Jabouille gagne finalement le GP au volant d'une Renault avec un moteur turbocompressé.

Et de deux pour Hinault
22 juillet 1979. Deuxième victoire pour Bernard Hinault sur le Tour de France. Le 'blaireau' devance le Néerlandais Joop Zoetemelk et le Portugais Joachim Agostinho. Il gagnera au total 7 étapes.

Strasbourg champion
1er juin 1979. Le RC Strasbourg remporte son premier titre de champion de France de foot. Une équipe solide et solidaire avec dans ses rangs Arsène Wenger, Raymond Domenech.

Evert-Borg à Roland-Garros
11 juillet 1979. Chez les hommes Björn Borg remporte sa 4ème victoire dans cette compétition et Chris Evert sa 3ème dans la catégorie dame.

Patrick Pons
30 septembre 1979. Le Français Patrick Pons, à l'issue des 20 courses est sacré champion du monde de moto 750 cm^3.

7 JAN 1979
Le gouvernement Pol Pot est renversé au Cambodge par l'offensive du Viêt Nam.

2 FEV 1979
Sid Vicious, l'ancien bassiste des *Sex Pistols*, meurt.

13 MAR 1979
Naissance du Système Monétaire Européen (SME), après 13 mois de dures négociations.

1979

Le roi du tatami
9 décembre 1979. Organisé à Paris, la France tire son épingle du jeu en gagnant 6 médailles et finit troisième nation de ces mondiaux. La médaille d'or récompense un grand judoka français, Thierry Rey.

ACTUALITES

Contrat à Durée Déterminée
3 janvier 1979. Naissance du Contrat à Durée Déterminée (CDD), issu de la loi du 3 janvier. Sa forme est encadrée à travers divers critères énumérés par cette même loi.

La sidérurgie en déclin
24 janvier 1979. C'est le début de la crise de la sidérurgie en Lorraine. A Longwy 25 000 personnes manifestent. Le 24 juillet, un accord est signé concernant 12 000 salariés mis en retraite anticipée. 21 750 emplois devront cependant être supprimés d'ici 1981.

L'affaire Faurisson
21 février 1979. Robert Faurisson est un universitaire français connu pour ses positions controversées sur l'Holocauste. Remettant en question la réalité de l'Holocauste et qualifiant cette période de « mythe », il fera face à une mobilisation d'historiens contre lui et le mouvement négationniste. Il défendra néanmoins ses positions jusqu'à sa mort en 2018.

Gai Pied
1er avril 1979. Le magazine *Gai Pied* sort au prix de 5 francs, c'est un mensuel pour homosexuels.

Action Directe, 1er acte
1er mai 1979. Le groupe Action Directe lutte pour l'autonomie du prolétariat contre l'impérialisme capitaliste. Premier acte symbolique : le mitraillage de la façade du siège du CNPF (Conseil National du Patronat Français).

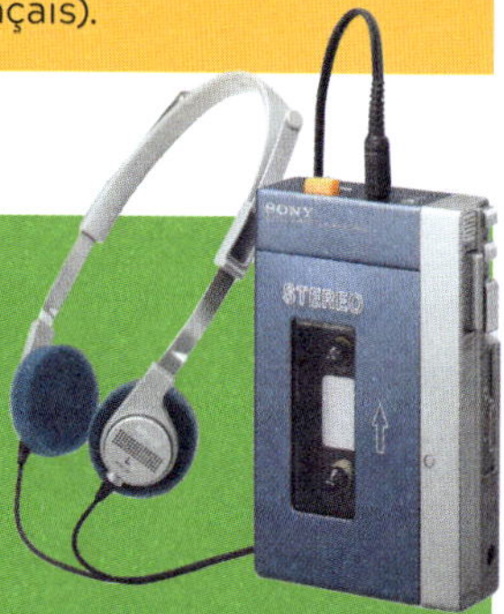

Walkman
21 juin 1979.
Le walkman (baladeur) Sony déclenche une véritable révolution technologique dans le monde de la musique portable. Toujours à portée d'oreille, alimenté par des piles, il permet d'écouter partout ses cassettes préférées.

Forum des Halles
4 septembre 1979. Inauguration du Forum des Halles par le maire de Paris, Jacques Chirac.

1 AVR 1979
Proclamation de la République Islamique d'Iran.

4 MAI 1979
Margaret Thatcher devient Premier ministre du Royaume-Uni. La première femme à occuper ce poste.

28 JUN 1979
Le sommet du G7 refuse toute régulation concertée face au second choc pétrolier et à l'inflation.

Attentat sur les Klarsfeld
9 juillet 1979. Serge et Beate Klarsfeld, militants antinazis, sont victimes d'une tentative d'assassinat par le réseau néo-nazi 'Odessa'. Leur voiture est détruite par un explosif, ce qui ne les empêchera pas d'être à l'origine de plusieurs dossiers pour retrouver d'anciens Nazis comme Klaus Barbie ou des 'collabos' comme René Bousquet.

Déficit de la sécurité sociale
27 juin 1979. Un rapport officiel conclu à un déficit important du régime d'assurance maladie en France notamment à cause de : «... dépenses surestimées (arrêts de travail abusifs, gaspillage des médicaments, responsabilité de l'industrie pharmaceutique) et (...), d'une volonté de disposer d'une médecine de qualité, des grands fléaux sociaux (alcoolisme et tabagisme), d'accidents de la circulation et du travail ».

Effondrement à Nice
16 octobre 1979. On assiste à l'effondrement du chantier du projet de nouveau port de commerce à Nice entrainant la mort de 9 personnes et générant un tsunami de niveau 3 sur les côtes avoisinantes faisant aussi quelques morts.

Les diamants de Bokassa
10 octobre 1979. L'affaire des diamants de Bokassa éclabousse le président Valéry Giscard d'Estaing à partir du 10 octobre, date de parution dans le journal satirique *Le Canard enchaîné* d'un article révélant que Bokassa, alors empereur de Centrafrique, lui aurait offert des diamants. Giscard nie les accusations et affirme que les diamants reçus de Bokassa étaient des cadeaux protocolaires. Il déclare les avoir remis à la Trésorerie.

L'affaire Robert Boulin
30 octobre 1979. Robert Boulin, ministre du travail, est retrouvé mort dans l'étang Rompu de la forêt de Rambouillet. La thèse officielle du suicide par noyade est rapidement contestée par sa famille. L'affaire reste à ce jour, toujours énigmatique.

1 JUL 1979
Jean-Pierre Jabouille gagne le GP Automobile de France au volant d'une Renault.

17 AOÛ 1979
Sortie du film *La vie de Brian* des Monty Python.

12 SEP 1979
L'éruption du volcan Etna en Sicile coûte la vie à 9 personnes.

1979

La fin de Mesrine
2 novembre 1979. C'est l'ennemi public numéro 1. Auteur de l'enlèvement d'un milliardaire au mois de juin et assassin d'un journaliste en septembre après lui avoir tiré 3 balles, il sera intercepté par l'unité Anti-Mesrine créée en août de la même année. Le 2 novembre à 15h15, Mesrine au volant de sa BMW à côté de sa compagne est encerclé par des policiers qui ouvrent le feu : 21 balles sont tirées. Mesrine est abattu, sa compagne lourdement blessée.

ACTUALITES INTERNATIONALES

Khomeini
11 février 1979. Des prix pétroliers qui s'envolent et les droits de l'homme bafoués en Iran sous le régime du Shah Muhammad Reza Pahvlavi amènent les dirigeants occidentaux à se rapprocher de l'ayatollah Khomeini, en exil en France. Il assure que s'il accède au pouvoir dans son pays, il répartira les revenus du pétrole parmi sa population. Ses propos inspirent les protestations massives des étudiants iraniens contre le Shah. Celui-ci quitte son pays le 16 janvier, pour se réfugier en Egypte. 2 semaines plus tard, Khomeini revient en Iran, s'empare du pouvoir et fonde une République islamiste fondamentaliste.

POLITIQUE

Elections européennes
7-10 juin 1979. Côté français, les 81 sièges sont répartis sur 4 partis : 25 pour l'UDF, 22 pour le PS-MRG 22, 19 sièges pour le PCF et 15 pour le RPR.

Plan Barrot
25 juillet 1979. Des mesures sont mises en place pour redresser la situation financière de la Sécurité Sociale. Augmentation des cotisations de 1% sur 18 mois, contribution budgétaire de 2 milliards de francs, blocage des honoraires médicaux et une diète budgétaire pour les hôpitaux.

Explosion de la Bételgeuse
8 janvier 1979. La Bételgeuse est un pétrolier français de 121 000 tonnes. Lors du déchargement de pétrole brut dans la baie de Bantry en Irlande, celui-ci explose faisant 50 morts.

1 OCT 1979
La ceinture de sécurité devient obligatoire dans les voitures.

8 NOV 1979
Le décès d'Yvonne Vendroux, épouse du général De Gaulle.

30 DÉC 1979
'L'homme de l'année' l'ayatollah Khomeini, figure sur la couverture de *Time Magazine.*

Second choc pétrolier
26-27 mars 1979. C'est le début de la deuxième crise pétrolière avec la baisse de production en Iran qui affecte le volume mondial. Le prix de l'essence augmente de 15,7% au cours de l'année.

Accident nucléaire
28 mars 1979. Un accident se produit dans la centrale nucléaire de Three Mile Island à Harrisburg, aux Etats-Unis. Le scénario ultime d'une explosion est évité mais l'affaire entraîne des manifestations de masse anti-nucléaires dans le monde entier.

Sale temps pour dictateurs
1979 restera dans l'histoire comme une année noire pour les dictateurs. En Iran, le Shah a pris la fuite, au Nicaragua, les guérilleros mettent fin au régime de terreur instauré par la famille Somoza, au Salvador, les rebelles chassent la junte du général Romero, alors que l'Equateur hérite d'un premier gouvernement démocratique. Et en Afrique, Idi Amin Dada est chassé et part en exil en Arabie Saoudite.

Coup d'état
20-21 septembre 1979. La France qui soutenait Bokassa pour ses gisements d'uranium constate que le personnage est difficile à gérer. Son déplacement en Lybie pour signer un accord avec le colonel Kadhafi provoque l'opération Caban. L'objectif pour l'Etat frabçais est simple : exiler Bokassa, au Tchad, puis en Côte d'Ivoire et mettre au pouvoir David Dacko, le président lui-même renversé par Bokassa.

Président de l'Irak
16 juillet 1979. Saddam Hussein devient président de l'Irak, il devient aussi chef des armées et fait éliminer certains des opposants à son parti Ba'ath, en majorité chiites.

Prix Nobel de la paix pour Mère Teresa
17 octobre 1979. La religieuse catholique Anjezë Gonxhe Bojaxhiu, d'origine albanaise s'occupe des plus pauvres à Calcutta, en Inde. Elle crée une congrégation internationale. Elle reçoit le Prix Nobel de la Paix pour son engagement.

Accords SALT II
18 juin 1979. A Vienne, Jimmy Carter et Léonid Brejnev signent le traité SALT II. Il définit un chiffre plafond de bombardiers et lance-missiles tolérés.

1979

Otages américains en Iran
4 novembre 1979. En Iran, une bonne cinquantaine de diplomates et citoyens américains sont pris en otage par plus de 400 étudiants participant à la révolution iranienne. L'affaire dure 444 jours. En parallèle, 6 diplomates américains arrivent à quitter l'ambassade et se réfugient dans la demeure d'un diplomate canadien. Cette affaire va inspirer le film *Argo* (2013) réalisé et joué par Ben Affleck.

Un enfant en Chine
Le leader chinois Deng Xiaoping veut endiguer la croissance inquiétante de la population de son pays : les couples devront dorénavant se limiter à avoir un seul enfant.

Intervention soviétique
24 décembre 1979. L'armée soviétique franchit les frontières de l'Afghanistan pour y soutenir son gouvernement communiste contre les rebelles moudjahidines en commençant par éliminer et remplacer le leader en place. C'est le début d'une guerre de 10 ans.

Premier vol d'Ariane
24 décembre 1979. Le premier vol de la fusée européenne Ariane 1 a lieu depuis la base de Kourou en Guyane française. Tout se passe à merveille.

L'ordinateur portable
C'est un Américain, Bill Moggridge, auquel on attribue le premier ordinateur portable. Il le baptise GriD Compass. C'est le premier ordinateur dont l'écran et le clavier sont solidaires. Les premiers exemplaires du GriD Compass 1100 feront leur apparition dans le commerce en 1982. Il pèse 10 kilos et coûte 1 795 dollars.

DIVERTISSEMENT

Le gendarme et les extra-terrestres
31 janvier 1979. Si ce n'est pas le meilleur film côté scénario, ça reste le dernier grand succès de Louis de Funès, numéro 1 au Box-office 1979 avec 6,3 millions d'entrées.

Superman
26 janvier 1979. Superman, réalisé par Richard Donner, avec Christopher Reeve et le (très) méchant Lex Luthor joué par Gene Hackman sans oublier la musique de John Williams, cultissime. A voir avec un certain recul de l'époque.

L'homme de l'Atlantide
29 janvier 1979. Dans cette série, Mark Harris joué par Patrick Duffy est le survivant de la légendaire Atlantide. Il a des capacités sous l'eau qui dépassent notre entendement. Il est retrouvé échoué sur une plage par le docteur Elizabeth Merrill et rejoint la fondation de la recherche océanographique pointant du doigt les dérives écologiques humaines.

Et la tendresse bordel
28 février 1979. Un film particulier où la tendresse est abordée, sous toutes ses coutures, mais souvent de façon crue, voire très crue, à l'époque certaines personnes sont sorties des salles de cinéma, choquées en évoquant un scandale, une honte, etc. ...

Temps X
6 avril 1979. Cette émission présentée par les frères Igor et Grichka Bogdanoff a pour vocation la vulgarisation scientifique, mais diffuse aussi des séries fantastiques ou de science-fiction. Le public français va ainsi découvrir la série *La Quatrième Dimension.*

Disney Dimanche
20 mai 1979. Présentée par Dorothée et William Leymergie, l'émission est diffusée un dimanche par mois avec des extraits de dessins animés de la Maison Walt Disney. L'émission tout public va perdurer jusqu'en juin 1987.

San Ku Kaï
15 septembre 1979. Cette série japonaise est en premier lieu une caricature de *Star Wars* dans un monde japonais de samouraïs. Les combats et les effets spéciaux sont plus à rapprocher des Monty Python, baroques, grossiers mais attachants.

Flic ou voyou
28 mars 1979. Réalisé par Georges Lautner, un spécialiste du genre, ce film policier est taillé sur mesure pour Jean-Paul Belmondo, la gouaille, l'action, les cascades, les bagarres, on ne s'ennuie pas une minute.

Walibi Rhône-Alpes
7 avril 1979. Le parc à son ouverture s'appelle Avenir Land, mais dès 1981, Walibi acquiert des parts et investit dans ce nouveau parc. De moins de 200 000 entrées annuelles à ses débuts, le parc ne va cesser d'accroitre sa clientèle pour atteindre plus de 600 000 entrées en 2022. Il comporte 29 attractions dont 5 montagnes russes et 5 attractions aquatiques.

VOUS SOUVENEZ-VOUS ?

Jouet Guerre des Étoiles

Voyage au bout de l'enfer
7 mars 1979. Le film *The Deer Hunter* (dans sa version anglaise) sous les abords paisibles d'une partie de chasse dominicale, raconte par de nombreux flashback puissants et violents, les traumatismes liés à la guerre du Vietnam. Avec Robert de Niro et Christopher Walken.

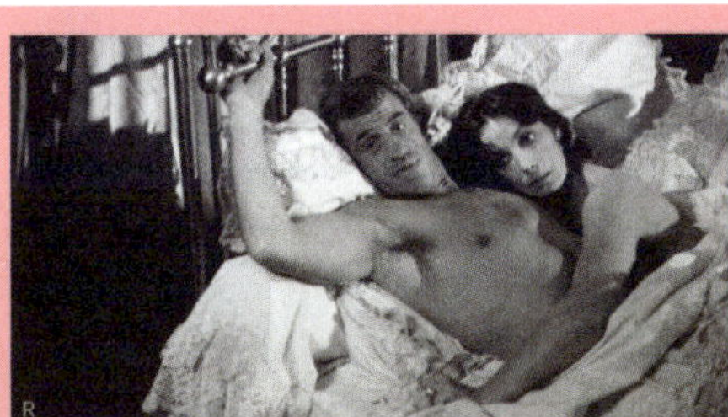

1979

Un air de scandale
24 mai 1979. Françoise Sagan est la présidente du jury du Festival de Cannes. Le film *Le tambour* de Volker Schlöndorff est positionné pour gagner la Palme d'Or mais le jury préfère *Apocalypse Now* de Francis Ford Coppola qui obtiendra la récompense suprême. On propose à Sagan d'accepter que la Palme d'Or soit décernée ex-aequo en échange de son silence. Elle accepte mais rompt le pacte en révélant tout.

Le prix du livre
1er juillet 1979. Alors que la part des ventes de livres par des libraires indépendants est passée de 51% à 37% en 10 ans, les libraires demandent l'instauration d'un prix fixe ou maitrisé du livre pour faire face aux grandes enseignes et aux grandes surfaces. Demande refusée, le Premier ministre ne veut pas faire du livre une exception et libéralise les prix. Il faudra attendre 1981 pour que tout cela soit revu de façon plus circonstanciée.

Alien, le 8ème passager
12 septembre 1979. Cardiaque s'abstenir ! Ridley Scott, le réalisateur nous englue dans cette aventure interstellaire sombre avec Sigourney Weaver. Une course-poursuite en vase clos dans un vaisseau spatial avec une poignée d'humains et un Alien redoutable.

Le Collaro Show
6 octobre 1979. Une émission humoristique en 2ème partie de soirée, le samedi soir avec des humoristes de l'époque : Roland Magdane, Philippe Bruneau, Martin Lamotte, Guy Montagné, Jean Roucas (imitateur), Claire Nadeau, Alain Scoff. Des invités, des chansons, des sketchs très impertinents parfois, le tout dirigé par Stéphane Collaro.

Moonraker
11 septembre 1979. C'est encore l'époque Roger Moore, un épisode dans l'espace avec un vol de navette spatiale, le méchant est campé par un acteur français, classe : Michaël Lonsdale. On retrouve 'Jaws' ou requin, le géant aux dents d'acier. On retrouve John Barry pour la musique, c'est toujours un plaisir. Avec plus de 3 millions d'entrées, James Bond reste une valeur sûre du cinéma.

Apocalypse Now
26 septembre 1979. Réalisé par Francis Ford Coppola, avec Marlon Brando, Martin Sheen et Robert Duvall, un drame autour de la guerre du Viêt Nam avec ses débordements, sa folie, une musique d'enfer et d'une très grande beauté photographique.

Wonder Woman
16 décembre 1979. Jouée par Lynda Carter, Wonder Woman est une amazone dotée de pouvoirs magiques. Dans sa tenue icônique et armée de son lasso de vérité, elle lutte contre le crime et aide les services secrets américains contre les nazis lors de la Seconde Guerre mondiale.

MUSIQUE

Spacer
Sheila veut percer aux États-Unis avec son groupe disco Sheila & B. Devotion. Elle frappe à la porte de Nile Rodgers du groupe américain Chic, qui s'est fait notamment connaître en se faisant passer pour un groupe français. Ensemble, ils réalisent l'album *King of the world* qui comprend le grand succès *Spacer.*

La reine du Disco
1er juillet 1979. Après *Hot Stuff et No More Tears (Enough Is Enough),* Donna Summer conquiert les charts avec *Bad Girls.*

L'artiste
1er août 1979. Le premier single de Prince, *I Wanna Be Your Lover,* accède à la première place de la liste R&B aux Etats-Unis. Voici un des artistes les plus influents de l'histoire de la musique.

Jean-Michel Jarre
14 juillet 1979. Record inédit, le concert de Jean-Michel Jarre à la Concorde à Paris réunit plus de 1 million de spectateurs.

Les bronzés font du ski
22 novembre 1979. Le film attire à sa sortie 1,5 millions de spectateurs, chiffre honorable mais qui ne laisse en rien présager son futur statut de film culte avec des répliques mémorables.

1979

Born to be alive

Patrick Hernandez quitte la musique en 1975. Il se lance dans l'élevage de veaux dans le Périgord. Son ancien producteur Jean Vanloo lui demande de jouer et enregistrer sa chanson *Born to be alive* sur un rythme disco. Le rocker Hernandez hésite, mais succombe. Bonne décision, le succès est planétaire, et rapporte aujourd'hui encore de l'argent à son auteur.

MES 18 PREMIÈRES ANNÉES

TOP 10 1979

1. **Blondie** *Heart of Glass*
2. **The Buggles** *Video Killed the Radio Star*
3. **Francis Cabrel** *Je l'aime à mourir*
4. **Carlos** *Rosalie*
5. **Chic** *Le Freak*
6. **Patrick Hernandez** *Born To Be Alive*
7. **The Police** *Roxanne*
8. **Sheila and B. Devotion** *Spacer*
9. **Supertramp** *The Logical Song*
10. **Hervé Vilard** *Nous*

Open | Search | Scan

Le mur de Pink Floyd

1er novembre 1979. Le groupe britannique Pink Floyd fait rebelote avec son disque *The Wall*, qui cartonne, 6 ans après le -déjà- célébrissime *The Dark Side of the Moon*. Et le titre *Another Brick in the Wall*, fera de ce disque l'un des albums-concept les plus célèbres depuis l'invention de la musique enregistrée.

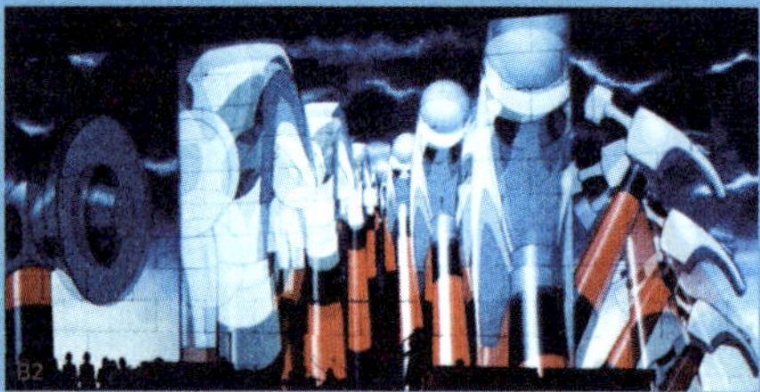

Aux armes et caetera

Serge Gainsbourg compose en 1979, sur un air reggae, le titre *Aux armes et cætera*, à partir des paroles de l'hymne national français, *La Marseillaise*. S'ensuivent des années de polémiques entre les vives réactions de militaires et anciens combattants. Le public en decide autrement. L'album éponyme est un véritable succès et devient le premier disque d'or de la carrière de Serge Gainsbourg.

Les Bains Douches

La boîte parisienne ouvre en même temps que la déferlante new wave qui va balayer les paillettes du disco. Le jeune designer Philippe Starck préserve l'esprit de ces anciens bains publics (bassin, faïence, mosaïque au sol) et dispose des stores et de vieux projecteurs de cinéma. Les jeunes gens viennent s'éclater sur Depeche Mode ou Joy Division. Stars, demi-mondains, artistes, publicistes en goguette..., ils vont tous aux Bains Douches.

SPORT

Les JO de Lake Placid
13 - 24 février 1980. Situé aux Etats-Unis, Lake Placid accueille les Jeux olympiques d'hiver. 37 pays participent avec 1 072 athlètes. Côté résultat, 3 pays se distinguent, l'Union soviétique avec 22 médailles, l'Allemagne de l'Est avec 23 médailles et les Etats-Unis avec 12 médailles. Côté individuel, on retient la prestation époustouflante de l'Américain Eric Heiden en patinage de vitesse avec 5 médailles d'or. Côté français, Perrine Pelen sauve l'honneur avec 1 médaille de bronze en slalom géant.

Les JO d'été à Moscou
19 juillet - 3 août 1980. Ces Jeux olympiques sont marqués par le boycott de 65 pays à cause de l'invasion soviétique en Afghanistan. La France a décidé de participer. Coté résultat, bien évidemment avec le boycott, l'Union soviétique et l'Allemagne de l'Est raflent à elles deux plus de 50 % des médailles. Côté français, ce sera 14 médailles dont 6 en or, 4 en escrime et 2 en judo : Thierry Rey et Angelo Parisi.

Hinault champion du monde
30 août 1980. A Sallanches, en Haute-Savoie, Bernard Hinault revanchard, devient champion du monde de cyclisme. Il précède sur la ligne d'arrivée l'Italien Gianbattista Baronchelli et l'Espagnol Fernández Martin.

Championnat de France de football
27 mai 1980. Le FC Nantes décroche son 5e titre, l'AS Monaco gagne la coupe de France contre l'US Orléans (2e division).

Rondeau remporte Le Mans !
15 juin 1980. Associé à Jean-Pierre Jaussaud, Jean Rondeau remporte la course sur sa voiture Rondeau M379 ! En effet, Jean Rondeau est pilote-constructeur et il est et reste le seul cas dans l'histoire à avoir gagné avec son propre véhicule.

25 JAN 1980
L'Egypte récupère les deux tiers du Sinaï.

28 FEV 1980
L'acte de fondation de l'Institut du Monde Arabe à Paris est signé. L'inauguration a lieu en 1987.

13 MAR 1980
Un accident se produit dans la centrale nucléaire de St-Laurent-des-Eaux.

C

Tour sans Hinault
20 juillet 1980. Bernard Hinault doit abandonner le Tour de France à la suite d'une douleur au genou. Ainsi Joop Zoetemelk, l'éternel second (5 fois) gagne enfin le Tour, le seul d'ailleurs de sa carrière.

Formule 1 France
Les pilotes français fourmillent en 1980, 6 pilotes parmi les 16 premiers : Jacques Lafitte (4e) , qui gagne le GP d'Allemagne, Didier Pironi (5e) (photo), qui gagne le GP de Belgique, René Arnoux (6e), qui gagne 2 GP : Brésil et Afrique du Sud, Jean-Pierre Jabouille (8e), qui gagne le GP d'Autriche, Jean-Pierre Jarrier (13e) et enfin un petit jeune prometteur, Alain Prost (16e).

D

ACTUALITES

Médecins du monde
31 janvier 1980. À la suite de divergences de point de vue au sein de Médecins sans frontières, une quinzaine de responsables dont Bernard Kouchner quittent l'association pour créer Médecins du monde, pour au-delà de soigner, dénoncer les atteintes aux droits et à la dignité humaine.

E

Joseph Fontanet assassiné
1er février 1980. Joseph Fontanet, ancien ministre, député, est assassiné alors qu'il cherche quelque chose dans le coffre de sa voiture. De nombreuses hypothèses vont être formulées, mais aucune ne va aboutir.

Yourcenar à l'Académie française
6 mars 1980. Marguerite Yourcenar est élue à l'Académie française, elle devient ainsi la première femme à y siéger depuis la création en 1634.

25 AVR 1980
Echec d'une expédition héliportée destinée à délivrer les otages américains en Iran.

20 MAI 1980
Le Québec vote contre l'idée de la Souveraineté-Association au Canada dans un référendum.

1 JUN 1980
La première diffusion de la chaîne d'information CNN aux Etats-Unis.

Naufrage du Tanio
7 mars 1980. Le pétrolier Tanio fait naufrage au large de l'ile de Batz, il se casse en deux. Une partie coule et entraine 8 marins au fond de la mer, les 31 autres sont sauvés. 40 000 oiseaux en meurent, dont des petits pingouins, macareux moine et guillemots de Troïl.

Le futur Minitel
C'est le début de l'expérimentation pour lancer le futur Minitel (Medium Interactif par Numérisation d'Information TELéphonique). En juillet 1980, 55 utilisateurs sont équipés. A l'automne, 2 500 foyers volontaires en région parisienne reçoivent un terminal Vidéotex, 200 fournisseurs de service sont aussi sollicités. Le lancement ne se fera que 2 années plus tard.

Bien compté
Qui a décidé qu'il fallait déjà faire des calculs rien qu'en énonçant les nombres ? 70 est donc 60+10, 80 est 4×20 et, le pire du pire, 90 est 4×20+10. C'était trop simple de faire comme nos amis les belges ?

A se prendre la tête
En France, la nourriture est sacrée. Suivons les débats : pain au chocolat ou chocolatine ? Beurre doux ou beurre salé ? Lait avant ou après les céréales ?

Jean-Paul Sartre
19 avril 1980. Sa mort provoque une émotion considérable dans le monde. Ecrivain, philosophe, père de l'existentialisme, il a été souvent un fervent défenseur de la cause des opprimés.

Maury-Laribière enlevé
28 juin 1980. Michel Maury-Laribière est victime d'un enlèvement crapuleux par un truand Jacques Hyver. Fait rarissime, les employés de cet industriel sont prêts à se cotiser pour aider à payer la rançon. Il sera libéré quelques jours plus tard.

Le tunnel de Fréjus
12 juillet 1980. Le tunnel de Fréjus relie la France à l'Italie dans le massif alpin, à Modane en Savoie et à Bardonnèche dans le Piémont. Long de 12 895 mètres, c'est le plus grand de France, avant le tunnel du Mont Blanc (11 900 mètres).

30 JUL 1980
L'archipel de Vanuatu dans les Nouvelles Hébrides, composée de 83 îles, est proclamé indépendant.

1 AOÛ 1980
Vigdis Finnbogadottir est la première femme présidente d'Islande.

5 SEP 1980
Le tunnel du Gothard (16,3 km) ouvre en Suisse. C'est le plus long tunnel au monde.

1980

Thierry Le Luron
L'humoriste imite la voix du premier ministre Jacques Chaban-Delmas au *Jeu de la Chance* en 1970. C'est avec cette même voix qu'il enregistre son premier disque, *Le Ministère patraque*. Par la suite, il imite Valéry Giscard d'Estaing, François Mitterrand, Jacques Chirac (photo), Raymond Barre et Georges Marchais. Lors des émissions de radio qu'il anime, comme *Les fausses conférences* de presse sur RTL, il remplace les parodies chantées par des sketchs dialogués.

Althusser assassin ?
16 novembre 1980. Après 30 ans de relation, la femme du philosophe Louis Althusser, Hélène Rytmann, décide de le quitter, il l'étrangle. 3 experts psychiatres désignés concluent à un acte de démence. Un féminicide déguisé en acte de démence ?

Romain Gary nous quitte
2 décembre 1980. Romain Gary va parcourir la vie à pleine vitesse. Né à Vilnius (URSS, actuelle Lituanie), il émigre en France, devient aviateur à l'aube de la Seconde Guerre mondiale et va montrer une bravoure sans failles à chaque mission. Après la guerre il devient diplomate et se lance dans l'écriture. En 1956, il remporte le prix Goncourt avec le livre *Les Racines du ciel*.

Manufrance en liquidation
22 octobre 1980. Cette société précurseur de la vente par correspondance en France fabrique plus de 70 % des armes de chasse françaises. Le 22 octobre, c'est le dépôt de bilan.

POLITIQUE

Coluche président ?
30 octobre 1980. Coluche le trublion se lance dans la campagne présidentielle sur un ton cabotin. Très rapidement il se positionne en 3e place des candidats potentiels. En mars 1981, il retire sa candidature, au grand soulagement de la classe politique.

10 OCT 1980
Un tremblement de terre en Algérie coûte la vie à 5000 personnes.

4 NOV 1980
L'ancien acteur de cinéma, Ronald Reagan, devient président aux Etats-Unis.

31 DÉC 1980
Abdou Diouf remplace Léopold Sédar Senghor comme président du Sénégal.

Et de deux
19 octobre 1980. Michel Rocard présente sa candidature à l'élection présidentielle de 1981. Mais il se retirera si François Mitterrand se présente, il est plutôt maladroit lors de son discours, bafouille, ne regarde pas la bonne caméra. Le 21 octobre, Jean-Pierre Chevènement annonce lui aussi son intention d'être candidat à l'élection présidentielle si François Mitterrand ne se présente pas.

ACTUALITES INTERNATIONALES

Le mur des sables
Appelé aussi 'mur marocain', c'est une barrière de séparation érigée au Sahara occidental par le Maroc à partir d'août 1980 et achevée en 1987. Long de 2 720 km, protégé par des mines antipersonnel, les radars, il est sous la surveillance de milliers de soldats marocains.

Marchandage avec l'Iran
7 avril 1980. L'Iran presse les Etats-Unis de lui livrer l'ex-Shah, qui s'y est réfugié. Mais depuis le 4 novembre 1979, 70 otages sont retenus à Téhéran dans les locaux de l'ambassade des Etats-Unis. Le 25 avril, une tentative surprise de libération des otages par des militaires américains échoue et 8 de leurs soldats sont tués. Le 21 décembre, les Iraniens réclament 24 milliards de dollars pour la libération des otages. Ils se heurtent à un refus des Américains.

Le Post-it
1er avril 1980. Un Américain, du nom d'Art Fry, décide qu'il en a assez de perdre sans cesse le signet qu'il glisse entre 2 pages des livres qu'il lit. De là lui vient l'idée de fixer le bout de papier sur la page désirée à l'aide d'un petit feuillet autocollant. La firme 3M produira la trouvaille avec le succès que l'on connaît.

Fin de la variole !
8 mai 1980. Les campagnes de vaccination à travers le monde permettent de mettre fin à cette maladie. En France la vaccination obligatoire (1902) s'arrête en 1979.

Mont Saint Helens
18 mai 1980. L'éruption du Mont Saint Helens est l'une des plus importantes et destructrices de l'histoire récente des États-Unis. Cette éruption coûte la vie à 57 personnes. Les dégâts matériels sont considérables, avec des coulées de boue, des inondations et une retombée de cendres qui affecte plusieurs états et même le Canada.

La guerre Irak-Iran
22 septembre 1980. Le dictateur irakien Saddam Hussein lance une attaque surprise sur l'Iran avec ses avions russes et français. Le 23 septembre, c'est la réplique iranienne. On est parti pour une guerre qui va durer presque 8 ans et faire des centaines de milliers de morts.

1980

Tito n'est plus
4 mai 1980. Tito décède. Le fondateur et Président de la Yougoslavie et bien que communiste, il initie le mouvement des pays non alignés, entre l'Est et l'Ouest.

Ça bouge en Pologne
31 août 1980. A Gdansk, en Pologne, les manifestations initiées dans les chantiers navals contre l'inflation et les licenciements préfigurent la fin des régimes communistes en Europe. Les ouvriers des chantiers réclament la reconnaissance d'une organisation syndicale. Le 31 août, le gouvernement reconnaît Solidarność, emmené par Lech Wałęsa, comme premier syndicat indépendant au sein du bloc de l'Est.

Fête ensanglantée
26 septembre 1980. Un lieu de fête ensanglanté par un attentat odieux. La bombe artisanale cachée dans un extincteur est placée à l'entrée de l'OktoberFest, la fête de la bière munichoise. Le bilan : 13 morts, 211 blessés. Un terroriste d'extrême droite est vite désigné, il a été pulvérisé par la bombe.

DIVERTISSEMENT

La croisière s'amuse
5 janvier 1980. Les aventures bon enfant sur un bateau de croisière Pacific Princess, de la comédie et de l'amour.

Albator, le corsaire de l'Espace
7 janvier 1980. La série d'animation japonaise est diffusée dans le cadre de l'émission *Récré A2*. Dans un monde lointain en 2977, des extraterrestres attaquent la terre pour la coloniser, mais Albator et son équipe veillent au grain à bord du vaisseau Arcadia.

Kramer contre Kramer
7 février 1980. Un beau film, sur le divorce, la condition de la mère, du père, la gestion monoparentale. Servis par d'excellents acteurs, Dustin Hoffman, Meryl Streep, Justin Henry, le film rafle 5 Oscars et 2 Golden Globes.

L'avare
5 mars 1980. Réalisé en partie par Louis de Funès et Jean Girault, il est joué par Louis de Funès dans le rôle d'Harpagon. Ce classique de Molière va réaliser 2,4 millions d'entrées.

Croque-vacances
11 février 1980. Cette émission pour la jeunesse est présentée par Claude Pierrard avec 2 marionnettes en forme de lapins : Isidore et Clémentine. C'est un cocktail de dessins animés, reportages, variétés, bricolage, cuisine... très prisé par les enfants.

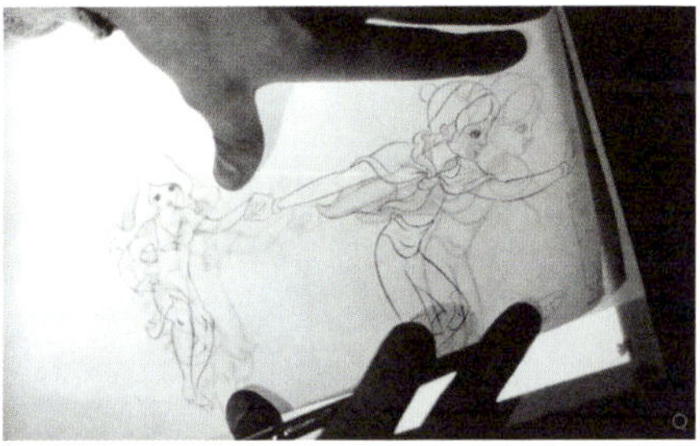

Le roi et l'oiseau
19 mars 1980. Le chef-d'œuvre de l'animation française, réalisé par Paul Grimault sur un scénario de Jacques Prévert et de lui-même, c'est une animation différente avec un côté poétique et philosophique.

Alfred Hitchcock
29 avril 1980. Le décès du 'maitre du suspense'. Citons ses films : *Les 39 marches, Fenêtre sur Cour, Sueurs froides, Psychose, Les Oiseaux, La main aux collets*... Il apparait en caméo dans ses propres films.

Et la pub
On se souvient de plusieurs publicités : « Prosper youpla boum », le roi du pain d'épices ou encore de « Banga, y a des fruits, y a de l'eau », le jus de fruit avec la musique et les paroles de Richard Gotainer, un must en la matière à cette époque.

Avis de recherche
15 juillet 1980. Présentée par Patrick Sabatier, l'émission va durer 10 ans. Le concept : inviter une célébrité et lui faire rencontrer d'anciens amis de jeunesse, très souvent des camarades de collège ou de lycée. L'emission est diffusée le vendredi soir.

Benny Hill
14 septembre 1980. Benny Hill, c'est 'so british', avec les rires ajoutés en fond sonore et son humour un brin grivois, un brin pernicieux, mais qui donne la banane.

Adieu Tex Avery
26 août 1980. Le roi du dessin animé loufoque tire sa révérence. Il est le créateur de Droopy, du Loup, de Daffy Duck, Porky Pig, George et Junior et initiateur du personnage de Bugs Bunny.

1980

Shérif, fais-moi peur
14 septembre 1980. Une série américaine, dans le sud profond de l'Amérique, avec la famille Duke, l'oncle Jesse, un peu magouilleur, les cousins, Luke, Bo, et la ravissante cousine Daisy. Le Shérif Rosco et le maire Boss Hogg, tentent de les mettre sous les verrous, mais ils ne sont pas non plus exempts de tous reproches. La dernière vedette de la série, c'est la voiture 'General Lee', une Dodge Charger 1969 orange avec un drapeau sudiste sur le toit.

L'empire contre-attaque
20 août 1980. 3 ans après le premier *Star Wars*, le second film est numéro 2 au Box-Office en 1980.

Tribunal des flagrants délires
15 septembre 1980. C'est le début d'une émission de radio sur France-Inter, menée par Claude Villers, en président d'un tribunal fictif. Ouvert au public et enregistré en direct, le succès est très rapide. Un invité, 'le prévenu', est décrit par le président, puis des témoins, amis artistes de l'invité viennent témoigner à charge ou à décharge. Ensuite le Procureur joué par Pierre Desproges charge l'accusé dans des envolées humoristiques, sarcastiques. Enfin la parole est donnée à la défense en la personne de Luis Rego. Puis un vote des jurés finit la séance où très souvent la sentence est de chanter une chanson s'il est chanteur.

Le dernier métro
17 septembre 1980. Un drame, une romance qui a lieu pendant la guerre, Marion Steiner actrice (jouée par Catherine Deneuve) doit cacher son mari juif en continuant sa vie normale. Réalisé par François Truffaut, le film fait un carton aux César, avec 10 prix.

Y a-t-il un pilote dans l'avion ?
24 septembre 1980. Le film parodique par excellence autour d'une catastrophe aérienne avec un humour particulier relayé par l'incomparable Leslie Nielsen en docteur loufoque et décalé. On adore ou sinon on passe son chemin.

Shining
16 octobre 1980. Un film d'épouvante, un thriller réalisé par Stanley Kubrick et interprété magistralement par Jack Nicholson en écrivain en manque d'inspiration en train de dériver vers une folie meurtrière dans un hôtel plutôt louche.

Inspecteur La Bavure
3 décembre 1980. C'est l'époque où Coluche commence à percer en tant qu'acteur comique, il est entouré par Gérard Depardieu, Dominique Lavanant et Julien Guiomar dans une comédie policière réalisée par Claude Zidi, expert en la matière.

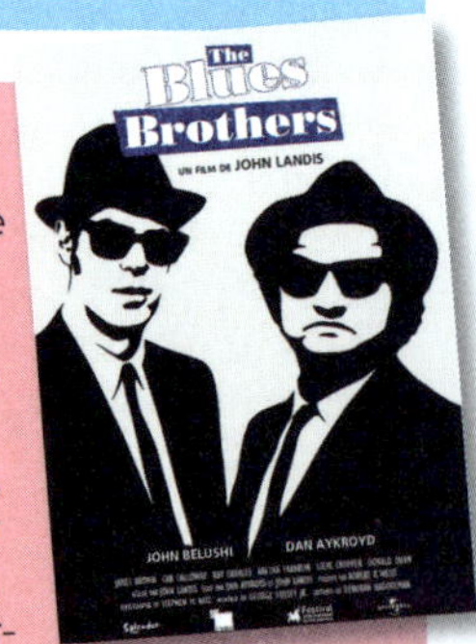

Les Blues Brothers
7 novembre 1980. Une comédie policière musicale. Que du beau monde, surtout côté acteur musicien : James Brown, Cab Calloway, Ray Charles, Aretha Franklin... Pour jouer les frères Blues, ce sont 2 acteurs énergiques : John Belushi et Dan Aykroyd.

Dimanche Martin
21 décembre 1980. Après *Bon Dimanche*, Jacques Martin revient avec *Dimanche Martin*, le dimanche après-midi, avec des émissions à tiroir : *Entrez les artistes, Incroyable, mais vrai !, L'école des fans* et *Thé dansant*.

Steve McQueen
7 novembre 1980. L'acteur américain décède. Il est souvent considéré comme l'un des acteurs les plus charismatiques de tous les temps. Il se fait connaitre dans la série western *Au nom de la loi*. Mais il est encore plus connu pour ses rôles dans les films *La Grande Évasion, Bullitt, L'affaire Thomas Crown, Les Sept Mercenaires* et *Papillon*. Son style cool et détaché, ainsi que sa passion pour les courses de moto et de voitures, ont contribué à façonner son image d'icône de la culture populaire.

La Boum
17 décembre 1980. C'est le succès numéro 1 avec presque 4,4 millions d'entrées. Le film va faire découvrir Sophie Marceau, faire rêver des tonnes d'adolescents autour des chansons de *La Boum*, encadré par les parents de Vic, Claude Brasseur et Brigitte Fossey.

MUSIQUE

Bob Marley au Bourget
3 juillet 1980. Avec 47 000 personnes payantes sur un terre-plein au Bourget, Bob Marley donne un concert historique à plus d'un titre. 3 semaines plus tôt au même endroit, le pape avait attiré seulement moitié moins de personnes, et pourtant c'était gratuit ! La musique attirerait-elle plus que la religion ?

On ne sifflera plus sur la colline
20 août 1980. Joe Dassin décède en Polynésie d'un malaise cardiaque, il y séjournait pour se reposer et reposer son cœur !

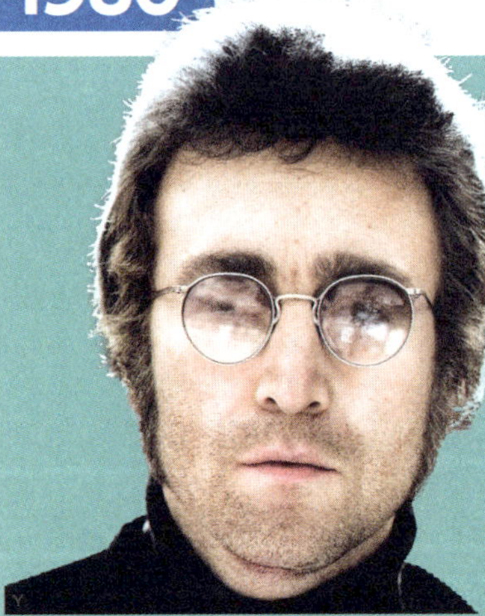

Fin tragique de Lennon
8 décembre 1980. Le pacifiste John Lennon est tué de 4 balles de revolver par un certain Mark David Chapman à New York. La mort de l'ex-Beatle provoque une vague d'émotion dans le monde entier.

MES 18 PREMIÈRES ANNÉES
TOP 10 1980

1. **Alain Bashung** *Gaby oh Gaby*
2. **France Gall** *Il jouait du piano debout*
3. **The Korgis** *Everybody's Got to Learn Sometime*
4. **Rose Laurens** *L'air de la misère*
5. **Lio** *Amoureux solitaires*
6. **Pink Floyd** *Another Brick in the Wall*
7. **The Police** *Don't Stand So Close to Me*
8. **Richard Sanderson** *Reality*
9. **Barbra Streisand** *Woman in Love*
10. **Taxi Girl** *Cherchez le garçon*

Open | Search | Scan

Gaby oh Gaby
Alain Bashung est dans l'impasse. Depuis près de 15 ans, rien ne veut marcher et sa maison de disques ne croit plus en lui. *Gaby oh Gaby* lui apporte un peu de réconfort. Les paroles évoquent un travesti ou un transsexuel et, implicitement, la solitude liée à la différence. La chanson a été enregistrée en peu de temps avec un budget minimal que le producteur avait d'ailleurs pris à un autre artiste. Contre toute attente, *Gaby oh Gaby* devient le tube de l'automne. A 36 ans, la carrière de Bashung est enfin lancée.

La faute à Voltaire
Les Misérables est le grand succès de l'automne. La comédie musicale est présentée en première mondiale au Palais des Sports de Paris et sa promotion est assurée par les singles *L'air de la misère* de Rose Laurens (Fantine dans la pièce) et *La faute à Voltaire* de Fabrice Bernard (Gavroche). On y retrouve également Salvatore Adamo, Michel Delpech et Michel Sardou.

Reality
Richard Sanderson est le fils d'un père écossais et d'une mère française. Aux studios Trident de Londres, il rencontre le compositeur de films Vladimir Cosma, qui cherche quelqu'un pour chanter le thème de *La Boum*, un film de Claude Pinoteau avec Sophie Marceau. Le film est très populaire et *Reality* devient également un succès. La chanson est numéro 1 dans 15 pays et se vend à plus de 8 millions d'exemplaires. Cosma continue de voir son compte en banque augmenter de 250 000 euros par an.

SPORT

Grand Chelem de rugby
21 mars 1981. A l'occasion du Tournoi des Cinq Nations, la France remporte le troisième Grand Chelem de son histoire et va rayonner une bonne dizaine d'années sur le plan international avec des joueurs comme Jean-Pierre Rives (capitaine), Serge Blanco, Robert Paparemborde, Pierre Berbizier, Guy Laporte. L'entraineur Jacques Fouroux y est aussi pour beaucoup.

Thierry Vigneron
20 juin 1981. Le perchiste Thierry Vigneron bat le record du monde du saut à la perche à Macon, avec un bond à 5,80 mètres.

Première place partagée
29 mars 1981. Presque 7 000 athlètes participent au premier marathon de Londres. Le Norvégien Inge Simonsen et l'Américain Dick Beardsley se partagent la première place sur le podium avec un temps de 2h11'48''.

Saint-Etienne champion
2 juin 1981. L'AS Saint-Etienne renoue avec le titre de champion de France, son dixième ! Le meilleur buteur de l'équipe est un certain Michel Platini.

Le Tour pour Hinault
19 juillet 1981. Bernard Hinault arrive en vainqueur du Tour de France à Paris, avec une confortable avance de plus de 14 minutes sur le grimpeur belge Lucien Van Impe et 17 minutes sur le Français Robert Alban.

GP de France Formule 1
5 juillet 1981.
Alain Prost de l'écurie Renault gagne en France son premier Grand Prix de Formule 1. Il récidive cette année-là aux Pays-Bas et en Italie. De son côté Jacques Lafitte (Ligier-Matra) remporte 2 Grand Prix : Autriche et Canada.

20 JAN 1981
Fin de la crise des otages américains à Téhéran après 444 jours.

26 FEV 1981
Le TGV atteint la vitesse record de 380 km/h.

30 MAR 1981
Le président américain Ronald Reagan est la cible d'un attentat. 6 balles sont tirées et il est blessé.

1981

Championne des rallyes
Michèle Mouton devient la première et unique femme à gagner une épreuve de championnat du monde des rallyes à San Remo. 3 autres pilotes français remportent chacun une épreuve : Jean Ragnotti au Rallye de Monte-Carlo, Bernard Darniche au Rallye de Corse et Guy Fréquelin au Rallye d'Argentine. Le Finlandais Ari Vatanen va remporter le championnat du monde en gagnant 3 épreuves.

Cinq fois Ickx
14 juin 1981. Jacky Ickx et Derek Bell remportent les 24 heures du Mans sur une Porsche 936. C'est la cinquième victoire au Mans pour Ickx.

Freddy Maertens champion du monde
30 août 1981. Le Belge Freddy Maertens devient champion du monde de cyclisme à Prague. Il bat l'Italien Giuseppe Saronni et Bernard Hinault.

Finale interrompue en Rugby à XIII
15 mai 1981. A Toulouse, la finale du Championnat de France entre Villeneuve-sur-Lot et le XIII Catalan est interrompue et arrêtée en raison d'une bagarre.

ACTUALITES

Collision dans le RER
19 janvier 1981. Il est 18h quand une rame est violemment percutée à l'arrêt en gare d'Auber. Bilan : un mort, 71 blessés. La cause, un changement de signalisation.

Loi anti-discrimination
15 avril 1981. La nouvelle loi anti-discrimination est un premier pas dans la lutte contre la discrimination à l'emploi pour divers motifs de race, de religion, de sexe, etc.

Tricentenaire
15 mai 1981. Le Canal du Midi fête son tricentenaire. Long de 278 km, il relie Toulouse à la mer Méditerranée. Construit au XVIIe siècle par l'ingénieur Paul-Pierre Riquet, c'est l'un des plus anciens canaux d'Europe. Ce canal comprend 328 écluses, ponts, aqueducs et tunnels.

Simca
Fondé en 1934, Simca est l'un des fleurons de l'industrie automobile française. Après *l'Aronde,* son best-seller lancé en 1951, la marque se hisse en tête du hit-parade des ventes avec sa Vedette et sa Simca 1000 urbaine. Mais le constructeur, trop petit, ne résiste pas longtemps à la concurrence. La dernière Simca, rebaptisée Talbot en 1980, sort en 1981.

4 AVR 1981
10 000 personnes défilent à Paris pour soutenir l'abrogation du délit d'homosexualité.

10 MAI 1981
François Mitterand est élu comme président, le premier socialiste sous la Ve République.

17 JUN 1981
Pink Floyd réalise un concert d'anthologie à Londres.

Taxer les riches
3 août 1981. Le gouvernement Mauroy publie une loi de finance rectificative. L'objectif est de développer les aides sociales via plusieurs axes : surtaxe sur les hauts revenus, hausse des impôts sur les bénéfices des sociétés, etc... La recette prévisionnelle est de 7,7 milliards de francs.

VOUS SOUVENEZ-VOUS ?

Registre téléphonique

Campagne aguicheuse
Août 1981. L'afficheur *Avenir* voulait démontrer sa capacité d'action sur les espaces publicitaires et leur campagne de publicité va faire parler ! Sur les affiches, Myriam, une jeune femme en bikini affirme « retirer le haut » quelques jours plus tard, puis le bas 2 jours après. En effet, la jeune femme se retrouve seins nus sur l'affiche et le 4 septembre elle se retrouve toute nue, mais de dos.

Le TGV Paris-Lyon
22 septembre 1981. Les premiers passagers embarquent à la gare de Lyon à Paris à bord du tout nouveau TGV, qui les emmène à Lyon. Le trajet de 400km ne dure que 2h40 au lieu de 4h, le train se déplace à 300 km/h.

Abolition de la peine de mort
9 octobre 1981. Après avoir été défendue par Robert Badinter, puis par les députés et les sénateurs, la loi est promulguée le 9 octobre.

Jacques Lacan
9 septembre 1981. Jacques Lacan décède à l'âge de 80 ans. Psychanalyst et psychiatre, son approche est inspirée de Freud. Il s'en éloignera et donnera naissance à un courant psychanalytique : le lacanisme. Il a marqué durablement le paysage intellectuel français et international.

29 JUL 1981
Mariage du prince Charles et lady Diana Spencer dans la cathédrale Saint-Paul de Londres.

1 AOÛ 1981
La chaîne musicale MTV ouvre son antenne avec *Video killed the Radio Star* des Buggles.

1 SEP 1981
Décès d'Albert Speer à 76 ans. Il était architecte et ministre de l'Allemagne nazie.

Une génération perdue
Le chômage s'installe un peu partout, provoqué par une crise économique mondiale et les suites de la crise du pétrole des années 70. Même les jeunes et adultes diplômés ne trouvent pas d'emploi. Qualifiés par certains de « génération perdue », de nombreux jeunes, qui se sentent frustrés, se tournent vers ce que l'on qualifie de « contre-culture », comme la musique punk ou l'occupation de squats.

La photo numérique
C'est au mois de septembre 1981 que la firme Sony dévoile un prototype d'appareil photo analogique, le Mavica. Il est équipé d'un capteur CCD de 279 300 pixels. Le stockage des photos se fait sur une mini-disquette vidéo d'une capacité de 50 images. Il faut ensuite attendre 1997, pour avoir un vrai appareil photo numérique avec un stockage sur disquette.

POLITIQUE

Président Mitterrand
10 mai 1981. François Mitterrand emporte les élections. C'est la première fois sous la Ve République qu'un président de gauche accède au pouvoir.

Le gouvernement Mauroy
23 juin 1981. C'est la mise en œuvre des promesses de campagne : passage de la semaine de travail de 40 à 39 heures, la 5ème semaine de congés payés, la retraite à 60 ans (au lieu de 65), l'abolition de la peine de mort, l'Impôt sur la fortune, etc. 4 ministres communistes intègrent le gouvernement Mauroy.

Le Panthéon pour Jaurès et Jean Moulin
21 mai 1981. Le septennat de François Mitterrand s'ouvre par une cérémonie au Panthéon durant laquelle il rend hommage, à Jean Jaurès, Jean Moulin et Victor Schœlcher. Le même jour, Pierre Mauroy, nommé Premier ministre, forme le gouvernement.

Le nucléaire suspendu
30 juillet 1981. Le conseil des ministres décide de suspendre la construction de 5 centrales dont celle de Plogoff.

26 OCT 1981
Des sociétés françaises dans les secteurs industriel et financier sont nationalisées.

9 NOV 1981
La loi Filloud autorise enfin les radios locales privées à émettre : c'est un vent de liberté.

8 DÉC 1981
L'émission de débats *Droit de réponse* convie Gérard Depardieu, Coluche, Gérard de Villiers et Edgar Morin.

ACTUALITES
INTERNATIONALES

La Grèce rejoint la CEE
1er janvier 1981. La Grèce devient le dixième pays de la Communauté Economique Européenne.

L'éventreur du Yorkshire
2 janvier 1981. La police de Sheffield, en Grande-Bretagne, arrête un automobiliste dans le cadre d'une enquête sur des faits de prostitution. Mais il apparaît bien vite que c'est le criminel le plus recherché du pays. Peter Sutcliffe, surnommé « l'éventreur du Yorkshire », est en réalité un tueur en série, qui a assassiné au moins 13 jeunes femmes depuis 1975.

Otages libérés en Iran
20 janvier 1981. 52 diplomates et civils américans ont été retenus en otages depuis novembre 1979. Ils sont libérés et regagnent les Etats-Unis. En échange, l'Iran aurait demandé des armes aux Républicains, futurs vainqueurs des élections américaines.

La navette spatiale
12 avril 1981. 6 ans après la poignée de mains échangée entre navigateurs spatiaux russe et américain et 20 ans après le vol du premier homme dans l'espace (le Soviétique Youri Gagarine), la NASA lance la première navette spatiale. C'est un engin réutilisable, destiné à emmener des êtres humains et/ou du matériel dans l'espace. Baptisée Columbia, la navette accomplit 36 tours de la Terre, avant d'atterrir 54 heures plus tard en Californie.

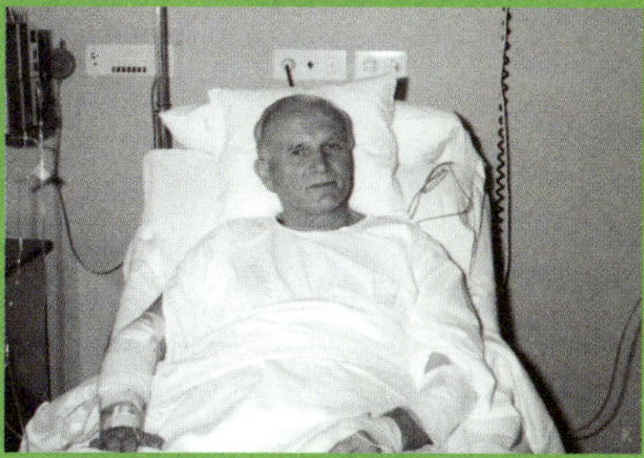

Attentat sur le pape
13 mai 1981. Mehmet Ali Ağca, membre de l'organisation turque *Les Loups gris*, tire sur le Pape au Vatican. Celui-ci est hospitalisé, mais survit. L'agresseur est arrêté et condamné à perpétuité en Italie.

Le sida
5 juin 1981. Le médecin américain Joël Weisman reçoit nombre de jeunes homosexuels, tous victimes d'un manque de globules blanches. Quelques mois plus tard, le médecin et l'immunologue Michael Gottlieb font état de cette maladie, qui sera bientôt connue sous le nom de SIDA.

Survivants de l'holocauste à Jérusalem
15 juin 1981. Jérusalem accueille le plus grand rassemblement jamais organisé de survivants des camps d'extermination nazis. Plus de 8 000 rescapés, venus de 23 pays, y commémorent le souvenir des 6 millions de victimes juives devant le monument de Yad Vashem. L'événement permet aussi à certains participants de se retrouver, une quarantaine d'années après la guerre.

VOUS SOUVENEZ-VOUS ?

Vélo de cyclo-cross

1981

L'avion invisible
18 juin 1981. C'est le premier vol du Lockheed-Martin F-117 NightHawk. Rapide comme l'éclair et invisible, c'est un bombardier/chasseur de précision, aux formes futuristes et aux lignes anguleuses, presque indétectable par les radars.

Emeutes du pain au Maroc
20 - 21 juin 1981. Poussé par le FMI, le gouvernement marocain augmente le prix des denrées de base dont le pain. Cette décision provoque la colère du peuple. La tension persiste et les grèves se transforment en émeutes. L'armée est envoyée pour régler la situation. C'est l'hécatombe : entre 114 morts officiellement et 637 morts officieusement.

Ambassadeur assassiné
4 septembre 1981. L'ambassadeur français au Liban Louis Delamare est assassiné dans sa Peugeot 604, lors d'un contrôle de barrage. 2 hommes en moto lui tirent dessus sans que les soldats syriens n'interviennent. La Syrie aurait commandité son meurtre pour punir la France qui souhaite résoudre pacifiquement la guerre civile au Liban.

Sadate assassiné
6 octobre 1981. Anouar el-Sadate, président de l'Égypte, est assassiné lors de la commémoration de la guerre d'octobre 1973 entre l'Égypte et Israël. L'attentat est perpétré par l'organisation extrémiste égyptienne Jihad Islamique.. Hosni Moubarak lui succède à la présidence.

Etat de siège en Pologne
13 décembre 1981. Le gouvernement polonais du général Jaruzelski déclare l'état de siège en réponse aux grèves massives organisées par le syndicat Solidarność, dirigé par Lech Wałęsa. L'état de siège est levé en juillet 1983, mais la tension sociale et politique persiste jusqu'à la fin du régime communiste en Pologne en 1989. Cela conduit à la victoire de Solidarność aux élections et à l'établissement d'un gouvernement démocratique.

DIVERTISSEMENT

Dallas
24 janvier 1981. La série mythique arrive en France. Le synopsis : les tribulations et les vicissitudes de la richissime famille Ewing, exploitants pétroliers et éleveurs.

Et pour les jeunes
C'est l'année de *Capitaine Flam* et *d'Ulysse 31*, deux séries d'animation autour de la science-fiction d'origine japonaise et franco-japonaise.

Pause Café
12 février 1981. Lancement de la série télévisée. On y suit Joëlle Mazart (Véronique Jannot), assistante sociale dans un lycée, écoutant avec bienveillance les problèmes des adolescents. La série va séduire le public des 15-20 ans.

Diva
11 mars 1981. Le film raconte l'histoire d'un jeune postier qui enregistre illégalement un concert donné par une Diva. Un fâcheux hasard va provoquer une chasse à l'homme dont il est la proie. Réalisé par Jean-Jacques Beineix, c'est un vent nouveau dans la façon de filmer : 4 César en 1982.

La chasse aux trésors
15 mars 1981. 2 candidats doivent résoudre des énigmes pour obtenir des informations guidant vers un trésor. Ensuite à partir de ces informations, ils guident le reporter Philippe de Dieuleveult qui se trouve à bord d'un hélicoptère. Un fin stratagème pour mettre à l'honneur les régions de France.

Les clips vidéos
1er août 1981. MTV diffuse des clips vidéos 24/24h et il faut donc de plus en plus de clips vidéos pour promouvoir la vente des disques.
Le premier clip est *Video Killed the Radio Star* des Buggles. Un autre clip icônique : *Money for Nothing* de Dire Straits avec la fameuse phrase « I want my MTV » chantée par Sting. Suivent des émissions comme *Beavis & Butthead, The Real World, The Hills, The Osbournes* et *Jackass.* MTV propose également des films et de la publicité amusants.

Elephant Man
18 avril 1981. Un film poignant tourné en noir et blanc par David Lynch. Le film adapte l'histoire vraie de John Merrick (John Hurt), un homme défiguré et difforme devenu une bête de foire. Le docteur Treves (Anthony Hopkins), l'achète au cirque dans lequel il est littéralement exposé au spectateur comme un vulgaire animal. Le docteur étudie Merrick qu'il pense idiot, mais bien vite, il va comprendre que derrière ces difformités se cache un homme sensible et intelligent.

Excalibur
27 mai 1981. Réalisé par John Boorman, ce film 'Arthurien' est l'un des mieux réussis dans la catégorie médiévale-fantastique. L'image est sombre et les acteurs sont fascinants.

1981

Indiana Jones et l'arche perdue
16 septembre 1981. Sortie du film d'aventure et d'action, réalisé par Steven Spielberg. Harrison Ford interprète l'archéologue et aventurier Indiana Jones. Celui-ci parcourt le monde pour retrouver l' 'Arche d'alliance' avant les nazis qui sont prêts à tout pour s'emparer de cette mystérieuse relique, censée conférer le pouvoir de mener n'importe quelle armée à la victoire...

Rox et Rouky
25 novembre 1981. Sortie du dessin animé devenu un grand classique de Walt Disney : 6,7 millions de spectateurs.

Pliz : la fée du logis !
La publicité pour l'entreprise de produit d'entretien est restée célèbre grâce à la séquence où la comédienne Marie-Pierre Casey glisse le long d'une table enduite du produit de la marque en s'exclamant : « Et c'est tant mieux parce que j'f'rai pas ça tous les jours ! ».

Garde à vue
23 septembre 1981. Le film de Claude Miller met en scène Lino Ventura, Michel Serrault, Romy Schneider et Guy Marchand. C'est un huis clos angoissant dans un commissariat. Les dialogues signés Michel Audiard participent à la reception du film : 4 César en 1982.

Coup de torchon
4 novembre 1981. Sortie de la comédie dramatique de Bertrand Tavernier. L'interprétation de Philippe Noiret et Isabelle Huppert est à noter. On y suit le pathétique Lucien Cordier dans les colonies françaises. Ce personage pitoyable se fait marcher dessus par tout le monde, jusqu'au jour où il décide de faire le ménage...

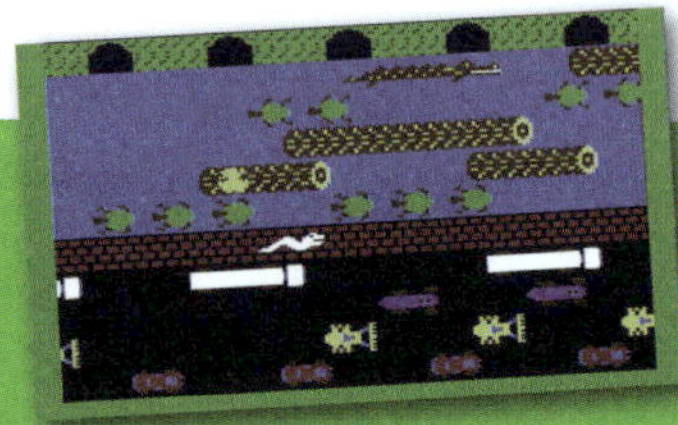

Frogger
Sortie de ce jeu vidéo mondialement connu. Le but est de guider 5 grenouilles vers leur maison mais il y a beaucoup d'obstacles pour y parvenir, tels qu'une route pleine de voitures et une rivière tourbillonnante... Vous gagnez des points pour chaque grenouille sauvée et si vous respectez les délais.

La Chèvre
9 décembre 1981. C'est le film le plus vu en 1981 avec plus de 7 millions de spectateurs. Réalisé par Francis Veber, il met en scène un duo que tout oppose, le malchanceux François Perrin (Pierre Richard) et le journaliste fonceur Campana (Gérard Depardieu). Une comédie policière avec une bonne dose d'aventure.

Le Professionnel
21 octobre 1981. Réalisé par l'expert du film policier Georges Lautner avec les dialogues percutants de Michel Audiard : les ingrédients sont réunis pour mettre en avant Joss joué par Jean-Paul Belmondo. Le professionnel est un agent secret qui a des comptes à régler... action garantie !

Magnum
13 décembre 1981. Hawaï, chemises à fleurs, Ferrari 308 GTS... il s'agit évidemment de la série *Magnum* ! Vétéran du Viêt Nam, Tom Selleck dit 'Magnum' est un détective privé qui fait appel à ses potes Rick et Terry. Cette série nous transporte sous le soleil d'Hawaï, au bord de la mer, en hélicoptère et toujours un cocktail aux lèvres.

MUSIQUE

Bob Marley
11 mai 1981. Bob Marley décède d'un cancer mal soigné. La figure emblématique de la musique reggae va créer de multiples chansons de référence comme *No Woman, No Cry, Redemption Song, Three Little Birds, One Love* et la liste est longue ! Son héritage transcende la musique, faisant de lui une icône mondiale de la culture et du mouvement rasta.

Simon et Garfunkel
19 septembre 1981. 11 ans après sa séparation, le duo musical Simon and Garfunkel donne un concert géant à Central Park à New York, devant un demi-million de fans.

Les Lacs du Connemara
Jacques Revaux entend un jour un son semblable à celui d'une cornemuse. Il veut en faire un texte sur l'Ecosse mais ne trouve pas tout de suite l'inspiration. C'est une brochure sur les lacs du Connemara qui le sauvera. Cela donnera naissance au grand classique *Les Lacs du Connemara* de Michel Sardou digne d'une épopée, enregistrée avec le London Symphonic Orchestra.

Téléphone
Téléphone est l'un des groupes les plus emblématiques de la scène rock française des années 1980. Leur musique combine des influences de rock'n'roll, de punk et de new wave. Ils sont connus pour leurs performances scéniques pleine d'énergie. Leurs chansons les plus célèbres sont *Hygiaphone, La Bombe humaine, Cendrillon, Un autre monde,* et *Ça c'est vraiment toi.* Le groupe se sépare en 1986. 2 membres, Jean-Louis Aubert et Louis Bertignac, poursuivent une carrière solo.

Résiste
Le titre *Résiste* de Michel Berger sort en 1981. Cette chanson de France Gall appelle les femmes, les hommes et les jeunes à résister contre la tyrannie et l'infamie.

Georges Brassens
29 octobre 1981. Décès de Georges Brassens. Il est connu pour ses textes poétiques, son humour subtil et sa musique souvent accompagnée d'une guitare acoustique. Parmi ses chansons les plus célèbres on trouve *Les Copains d'abord*, *La Mauvaise Réputation*, *L'Auvergnat* et *Les Amoureux des bancs*.

MES 18 PREMIÈRES ANNÉES
TOP 10 1981

1. **Alain Bashung** *Vertige de l'amour*
2. **Kim Carnes** *Bette Davis Eyes*
3. **Patrick Coutin** *J'aime regarder les filles*
4. **Herbert Léonard** *Pour le plaisir*
5. **J.J. Lionel** *La danse des canards*
6. **The Rolling Stones** *Start Me Up*
7. **Michel Sardou** *Les Lacs du Connemara*
8. **Jean Schultheis** *Confidence pour confidence*
9. **Visage** *Fade to Grey*
10. **Kim Wilde** *Kids in America*

Open | Search | Scan

L'hymne des plages
9 novembre 1981. François Mitterrand libère les ondes radiophoniques. De nouveaux acteurs font leur apparition sur la bande FM : NRJ, Nova, Contact, RFM... *J'aime regarder les filles* de Patrick Coutin est considéré comme le premier tube de radio FM.

Le contrat du siècle
Diana Ross signe le contrat d'artiste le plus avantageux possible avec RCA Records. Le montant ? 20 millions de dollars.

Alain Bashung
Avec sa voix grave et son style musical éclectique, Alain Bashung marque la chanson française contemporaine. Bashung connait une première vague de succès avec les albums *Play blessures* et *Novice*, explorant divers genres musicaux allant du rock au blues et en passant par la chanson française. Parmi ses chansons les plus célèbres figurent *Gaby oh Gaby*, *Vertige de l'amour*, *Osez Joséphine*, *Ma Petite entreprise* et *La nuit je mens*. Son œuvre est caractérisée par des textes poétiques et des mélodies envoûtantes.

SPORT

L'agression de Schumacher sur Battiston
En pleine demi-finale de la Coupe du monde de football, alors que le Français Patrick Battiston menace les buts allemands, il est agressé par le gardien Harald Schumacher. Battiston perd instantanément conscience, se casse 3 dents et 1 vertèbre ; pourtant l'arbitre ne siffle pas. La suite du match est entrée dans la légende : après 2 buts en prolongations, les Bleus sont rattrapés in extremis, et s'inclinent finalement aux tirs aux buts.

L'Italie championne du monde
11 juillet 1982. Rien ni personne ne semblait de taille à s'opposer à l'équipe d'Italie de football en 1982, qui ajoute une troisième étoile à son maillot en battant l'Allemagne 3 à 1. Pourtant, la Coupe du monde n'avait pas bien commencé pour la Squadra Azzurra : les Italiens se qualifient au second tour sans gagner un seul match. C'est surtout Paolo Rossi qui apporte la victoire à son équipe, et rafle au passage les titres de meilleur joueur et meilleur buteur, avant le ballon d'or en fin d'année. Les Français, éliminés en demi-finale, devront attendre 1998 pour leur première victoire.

Alain Prost en Formule 1
Dans les années 1980, la star des circuits est française ! S'il n'a pas encore remporté ses 4 championnats du Monde, Alain Prost menace déjà les plus grands en 1982, au volant de sa Renault au moteur turbocompressé révolutionnaire. Avec ses 51 Grands Prix remportés, 'Le Professeur' reste encore dans le top 5 des plus grands pilotes de l'histoire. Seul Michael Schumacher sera en mesure de battre son record, c'est dire !

1 JAN 1982
Mise en application de l'impôt sur les grandes fortunes.

5 FEV 1982
Adoption du nouveau statut de la Corse.

3 MAR 1982
Visite du Président Mitterrand en Israël. Il se déclare favorable au principe d'un état Palestinien.

1982

D

Le Tour de force de Hinault

25 juillet 1982. Cela fait presque 40 ans aujourd'hui qu'on n'a plus vu de Français remporter le Tour de France. Mais le palmarès du cyclisme français au Tour n'a pas toujours été aussi triste : dans les années 1980, Bernard Hinault, champion sans rival, remporte la Grande Boucle pas moins de 5 fois ! Le Français a même fait mieux en 1982, en remportant coup sur coup les Tours de France et d'Italie, dans le sillage des plus grands. Les amoureux du vélo se rappellent encore la joie intense de voir un Français remporter la reine des courses, en espérant que la chance nous sourie bientôt à nouveau !

ACTUALITES

Amandine

24 février 1982. Jour de fête à l'hôpital de Clamart ! L'équipe du biologiste Jacques Testard a de quoi célébrer la naissance d'Amandine : il aura fallu 3 ans de travail sous les pressions multiples des milieux catholiques rigoristes pour faire naître le premier bébé fécondé in vitro en France ! L'opération est un succès sur toute la ligne : la grossesse se déroule parfaitement, et ni Amandine ni sa mère ne subissent de séquelles.

Attentat du train Paris-Toulouse

29 mars 1982. A 20h42, une bombe souffle le deuxième wagon du train Capitole Paris-Toulouse. Laissant 5 morts et 28 blessés, l'attentat est revendiqué par plusieurs organisations, parmi lesquelles un mouvement basque et 2 groupes se réclamant du Vénézuélien Ilich Ramirez Sanchez, alias Carlos, figure du terrorisme international des années 1970 et 1980.

VOUS SOUVENEZ-VOUS ?

Mon Petit Poney

Minitel

4 juin 1982. Tout le monde connaît le 3615. Du moins, tous ceux qui en 1982 avaient l'âge d'utiliser le Minitel ! Adopté par presque 50 % des Français, le Minitel est le symbole de la génération 70-80, ainsi que le fleuron des télécommunications françaises. Même le gouvernement américain, bluffé, a enquêté sur le précurseur d'Internet ! Le Minitel est si iconique que depuis son extinction en 2012, plusieurs associations de fans et même un musée ont été créés. Peu d'autres objets pourraient se vanter d'un tel succès !

22 AVR 1982

Le début des grèves dans les usines Citroën à Aulnay-sous-Bois, Levallois, Asnières et Saint-Ouen.

MAI 1982

L'Espagne devient le 16e membre de l'OTAN.

6 JUN 1982

Les troupes israéliennes pénètrent au Liban ; l'invasion commence.

Jean-Loup Chrétien dans l'espace
25 juin 1982. Il y a des destins comme celui de Jean-Loup Chrétien qui nous semblent sortis d'une œuvre de fiction. Premier citoyen d'Europe occidentale à quitter la Terre en 1982, puis à sortir dans l'espace : le Breton est entré dans l'histoire. Membre d'une mission franco-soviétique en temps de guerre froide, Chrétien est plongé au centre des tensions internationales, ce qui ne l'a pas empêché de travailler pour la NASA comme pour les Soviétiques.

Le billet de 200 francs
7 juillet 1982. Le billet de 200 francs fait enfin son retour, après 85 ans d'absence. Cette fois-ci, c'est Montesquieu qui est choisi pour illustrer l'esprit des Lumières, avant d'être remplacé par Gustave Eiffel 14 ans plus tard.

Accident de car à Beaune
31 juillet 1982. Cet accident s'est produit sur l'autoroute A6, près de Beaune. Un car transportant des vacanciers partant pour un camp de vacances dans les Alpes prend feu après une collision avec plusieurs véhicules. Malgré des secours rapidement mobilisés pour tenter de sauver les personnes prises au piège dans l'incendie, le bilan sera lourd : 53 morts dont 46 enfants.

Rue des Rosiers
9 août 1982. Cette date restera à jamais dans les mémoires des passants de la rue des Rosiers à Paris. A 13h15, de 2 à 5 terroristes tuent 6 innocents à la grenade et au fusil d'assaut et en blessent 22 autres, dans un restaurant juif du Marais. L'attentat, attribué à l'organisation palestinienne du Fatah-Conseil Révolutionnaire (FCR), violemment opposée à l'Organisation de libération de la Palestine (OLP) et au Fatah, s'inscrit dans une série d'attaques en France et dans le monde et embarrasse le gouvernement, aux positions pro-palestiniennes bien connues. Le procès, retardé par les difficultés d'extradition, n'a toujours pas eu lieu 40 ans plus tard.

25 JUL 1982
René Arnoux, Alain Prost, Didier Pironi et Patrick Tambay dominent le GP Automobile de France.

17 AOÛ 1982
Philips lance le premier CD : *Visitors* d'ABBA.

22 SEP 1982
La première ministre britannique Margaret Thatcher négocie avec la Chine la rétrocession de Hong Kong.

1982

VOUS SOUVENEZ-VOUS ?

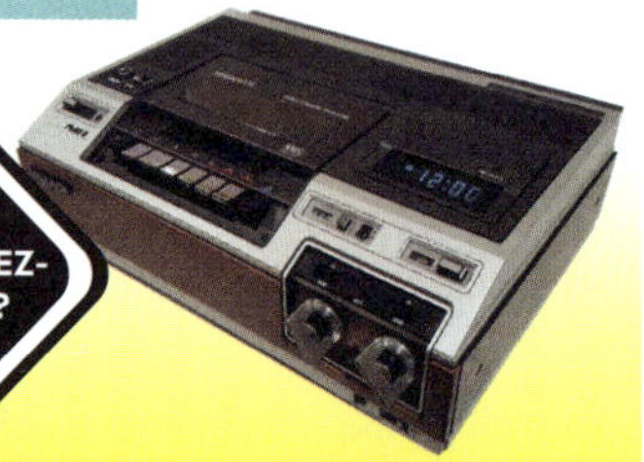

Magnétoscope VHS

La bête de Noth
La 'bête de Noth', qui choque la Creuse par les carcasses mutilées laissées derrière elle, défraie la chronique en 1982. Jamais correctement identifiée, la bête alimente les rumeurs les plus folles : d'aucuns affirment qu'il s'agirait d'un lion voire d'un puma. Les nombreuses battues organisées, n'ayant jamais permis d'éliminer l'animal, ajoutent à sa légende, qui hante à jamais la Creuse depuis 40 ans.

Citroën BX
30 septembre 1982. La nouvelle Citroën BX est désormais la reine de l'automobile française ! La voiture est dévoilée sous la tour Eiffel, illuminée aux couleurs de l'entreprise pour l'occasion. Et l'opération est un franc succès : produite à plus de 2 millions d'exemplaires, la Citroën reste de longues années la voiture la plus vendue en France. Sauvant littéralement le constructeur de la faillite, c'est grâce à elle que Citroën existe encore !

Louis Aragon

Choisir c'est renoncer, et Louis Aragon fait partie de ceux qui n'ont jamais pu s'y résoudre. D'abord surréaliste, il se convertit au communisme le plus orthodoxe avant de retourner à une conception traditionnelle de la poésie ! Rares sont les auteurs qui ont autant évolué que Louis Aragon. Même chose pour ses convictions : anti-fasciste, communiste, pacifiste, résistant, féministe… Le poète multiplie les engagements, parfois contradictoires et suscite nombre de commentaires en révélant son homosexualité. Sa mort en 1982 clôt une vie multiple que même son amour pour Elsa Triolet ou son communisme fervent ne peuvent résumer.

POLITIQUE

Impôts sur les grandes fortunes
Pas sûr qu'en la signant en 1982, François Mitterrand avait anticipé les interminables débats qu'allait créer l'instauration de l'ISF (Impôt de solidarité sur la fortune). La mesure a bien un mérite : celui de faire apparaître le clivage gauche-droite ! Garant de l'égalité selon la gauche, impôt contre-productif pour la droite, il est surtout difficile d'estimer son bilan. L'impôt rapportera plus de 4 milliards de francs par an, mais causera une forte évasion fiscale de la part des plus grandes fortunes. Les réactions suscitées par son abolition en 2018 l'ont confirmé : la France n'a pas fini d'entendre parler de l'ISF.

21 OCT 1982
Gabriel Garcia Marquez, auteur de *Cent Ans de Solitude*, décroche le prix Nobel de littérature.

30 NOV 1982
Michael Jackson sort son album *Thriller*, avec les tubes *Thriller*, *Beat It* et *Billie Jean*.

27 DÉC 1982
L'ordinateur est élu 'machine de l'année' par le magazine américain *Time*.

L'homosexualité dépénalisée
En France, 1982 résonne tout particulièrement aux oreilles des personnes LGBTQ. Et pour cause, il aura fallu 40 ans de mobilisation pour que la loi vichyste distinguant homo- et hétérosexuels disparaisse du code pénal ! La loi Forni, signée par François Mitterrand, met fin à la répression des minorités sexuelles, perpétrée à coup de fichage policier et arrestations arbitraires.

L'affaire des écoutes de l'Elysée
Nicolas Sarkozy n'est pas le seul à laisser traîner ses oreilles n'importe où. Entre 1982 et 1986, François Mitterrand s'était déjà essayé à l'espionnage téléphonique, officiellement pour lutter contre le terrorisme. Affaire Farewell, protection de sa fille cachée… Tout est prétexte à l'écoute de plus de 1 000 personnes, surtout des journalistes. Pas de chance pour le Président, les écoutes finissent par fuiter dans la presse. Les responsables sont traduits en justice, mais le verdict, rendu en 2005, ne sera jamais connu de François Mitterrand, décédé 9 ans plus tôt.

ACTUALITES INTERNATIONALES

Changement climatique
1er janvier 1982. Un rapport ouvertement alarmiste de 2 chercheurs américains, Atkins et Epstein, relève que le niveau de la mer a augmenté de 13 cm depuis 1940. En cause, la fonte de 50 000 mètres cubes de glaciers aux pôles Nord et Sud. Tout cela démontre que la Terre se réchauffe.

La mort d'un mythe
14 septembre 1982. Grace Kelly (actrice américaine), connue sous son titre de Princesse Grace de Monaco, décède dans un accident de voiture. Les circonstances de cette mort ont été sujettes à diverses spéculations et des théories controversées, mais la version officielle reste qu'il s'agissait d'un accident. L'accident se produit sur les routes sinueuses de la Côte d'Azur, où la princesse aurait perdu le contrôle de son véhicule, pour finir dans un précipice. La mort de Grace Kelly suscite une grande tristesse à travers le monde et un deuil national à Monaco est décrété. Elle faisait partie de cette époque glamour des stars hollywoodiennes. Elle avait joué dans plusieurs films à succès fin des années 50, notamment avec Hitchcock, avant de devenir Princesse de Monaco après son mariage avec le Prince Rainier III.

1982

La guerre des Falklands

2 avril 1982. La junte militaire argentine de Leopoldo Galtieri décide d'attaquer les Iles Falkland (Malvinas), administrées par la Grande-Bretagne. Galtieri espère ainsi mettre la main sur une portion de mer riche en ressources piscicoles et un sous-sol regorgeant de combustibles fossiles, et aussi détourner l'attention du désordre régnant dans son pays. Mais les militaires britanniques et leur première ministre Margaret Thatcher parviennent à créer une flotte navale qui leur permettra de reprendre l'île en 2 mois.

Le Prince William

21 juin 1982. Le présumé futur roi d'Angleterre William voit le jour. Il montera sur le trône si sa toujours alerte grand-mère Elizabeth II cède la couronne à son fils le prince Charles, et si celui-ci la-lui transmet à son tour. Quoi qu'il en soit, le pays entier fête la naissance de William Arthur Philip Louis, autrement dit le prince William.

Kadhafi

10 mars 1982. La presse occidentale dénonce la visite du leader lybien Mouammar Kadhafi en Autriche. C'est la première visite d'état de cette personnalité réputée pour entretenir des liens étroits avec le terrorisme international à un pays occidental.

Coca Light

Les dirigeants de Coca-Cola estiment que les femmes boivent trop peu de leur boisson. C'est alors qu'ils en lancent une version 'light'. Censée abaisser le nombre de calories de 142 à 13 par canette, elle contient un édulcorant artificiel, l'aspartame, qui remplace le sucre.

Helmut fait place à Helmut

17 septembre 1982. Changement surprise de coalition en Allemagne de l'Ouest : les sociaux-chrétiens de la CDU réussissent à persuader les libéraux du FDP de quitter leur coalition avec les socialistes du SPD, pour former un gouvernement de centre-droit. Ainsi, le 1er octobre, Helmut Schmidt (SPD) doit céder sa place à Helmut Kohl (CDU). Personne ne se doute alors que le nouveau chancelier, pas très connu à l'époque, sera le futur artisan de la réunification allemande.

Emoticon

19 septembre 1982. A la suite d'une blague estudiantine ayant fait croire à une fausse contamination à Pittsburgh, aux Etats-Unis, l'informaticien Scott Fahlman propose de créer des labels destinés à agrémenter les messages électroniques. On signalera un message humoristique par les signes :-) et les textes plutôt tristes ou pessimistes par :-(.Ce sont les véritables ancêtres des emoticons.

Andropov

10 novembre 1982. Le leader soviétique Leonid Brejnev, dont la santé est défaillante depuis des années, décède. C'est un ancien chef du KGB, Iouri Andropov, qui lui succède. Pendant son bref règne, il prépare lentement le pays à de profondes réformes que Gorbatchev exécutera plus tard.

Le premier CD

1er octobre 1982. Sony, en collaboration avec Philips, a développé la technologie du CD et lancé un premier lecteur, le Sony CDP-101, au Japon. Le CD (Compact Disc ou Disque Compact) est un nouveau support de stockage numérique révolutionnaire qui remplace les disques vinyles et les cassettes audio. Les CD offrent désormais plusieurs avantages par rapport aux supports précédents. Ils sont plus compacts, durables et permettent un accès rapide aux pistes audio. C'est le début d'une nouvelle ère dans l'industrie de la musique, vers la numérisation.

Commodore 64

Avec plus de 10 millions d'exemplaires vendus, le Commodore 64 devient l'ordinateur personnel le plus vendu au monde. La machine présente un imposant clavier, une mémoire RAM de 64 kilobyte et un port à cassettes permettant de charger des jeux et des softwares professionnels. Il se démarque de nombre de concurrents plus onéreux par la souplesse de son hardware et la variété des sons qu'il émet.

DIVERTISSEMENT

E.T.

« E.T. téléphone maison ! » Cette phrase seule suffit à réveiller les souvenirs d'une génération, celle qui en 1982 a découvert pour la première fois sur grand écran cet extra-terrestre abandonné sur Terre et pourchassé par le gouvernement américain. Et le film n'a pas bouleversé que les spectateurs : avec 792 millions de dollars de recettes, 4 Oscars et 2 Golden Globes, *E.T.* lance la carrière de Steven Spielberg.

1982

La guerre du feu

27 février 1982. Le film *La guerre du feu*, réalisé par Jean-Jacques Annaud, remporte le César du meilleur réalisateur et du meilleur film. Le film nous projette dans une oeuvre 'préhistorique', un monde primitif où les hommes luttaient pour maîtriser le feu. Le film est remarqué pour sa reconstitution réaliste de l'époque préhistorique, ses décors impressionnants et ses performances d'acteurs malgré l'absence de dialogues.

T

Bébête Show

Kermitterrand, Black Jack (Chirac), Pencassine... ça vous dit quelque chose ? Ces marionnettes parodiant les figures politiques de l'époque sont les stars du *Bébête Show*, lancé sur TF1 à partir de 1982. Avec ses jeux de mots inimitables, le programme est une véritable icône des années 80, séduisant même le président Mitterrand ! Inspirant les plus grandes émissions, comme *Les Guignols de l'Info* sur Canal +, les marionnettes animées par Jean Amadou, Stéphane Collaro et Jean Roucas marquent à jamais la télévision française.

Garde à Vue

27 février 1982. Garde à vue est un film français sorti en 1981 et récompensé par 4 César. Réalisé par Claude Miller, il met en scène Michel Serrault, Lino Ventura et Romy Schneider. L'histoire se déroule essentiellement dans un commissariat où un notable, interprété par Michel Serrault, est soupçonné d'un meurtre. L'inspecteur chargé de l'enquête, incarné par Lino Ventura, décide de le placer en garde à vue. Pendant cette nuit tendue, les interrogatoires révèlent des secrets et des manipulations. Un classique du cinéma français.

Les Champs Elysées

La plus belle avenue du monde, la chanson de Joe Dassin... Et l'émission musicale de Michel Drucker sur Antenne 2 le samedi soir ! C'est à cette émission que l'on doit l'altercation entre Serge Gainsbourg et Whitney Houston, ou encore la diffusion de *Thriller*, de Michael Jackson.

Romy Schneider, mythe et mystère

29 mai 1982. L'actrice Romy Schneider décède à l'âge de 43 ans. Elle est retrouvée morte dans son appartement à Paris. Née en Autriche, Romy Schneider était franco-allemande. Actrice exceptionnelle et populaire, elle avait connu la célébrité grâce à ses prestations remarquables dans les films de la série *Sissi* à ses débuts, dans des productions marquantes comme *La Piscine* ou *Le Vieux Fusil* ensuite. On se souviendra éternellement de sa voix, si particulière, si bien mise en avant dans *La chanson d'Hélène* chantée avec Michel Piccoli dans le film *Les choses de la vie* (1970). Romy Schneider a joué dans plus de 60 films au cours de sa carrière.

V

W

Hou ! La menteuse

Dans les années 1980, Dorothée, de son vrai nom Frédérique Hoschedé, est connue pour son émission de télévision intitulée *Récré A2*, diffusée sur Antenne 2. En avril 1982, elle sort le titre *Hou la menteuse*, qui devient un véritable succès auprès des enfants. Cette chanson rythmée et pleine d'énergie fait partie de son vaste répertoire comprenant de nombreux autres hits dont *Allô, allô Monsieur l'ordinateur*. Elle publiera une trentaine d'albums entre 1980 et 2010. Son style dynamique, sa personnalité enjouée et son talent pour divertir les jeunes téléspectateurs en ont fait une véritable icône de la télévision pour les jeunes.

Le Père Noël est une ordure

25 août 1982. Le film *Le Père Noël est une ordure* est réalisé par Jean-Marie Poiré. Cette comédie culte est issue elle-même de la version aussi culte du café-théâtre, jouée par la troupe du Splendid (1979). Elle raconte une soirée mouvementée autour d'une permanence téléphonique d'aide sociale durant la période de Noël. Les personnages Thérèse, Pierre, Félix et Katia se retrouvent dans des situations comiques et chaotiques, mêlant quiproquos et rebondissements. Le film est devenu célèbre pour ses répliques cultes et son humour noir.

X

Tati

4 novembre 1982. Le réalisateur et acteur Jacques Tati décède à l'âge de 75 ans. Bien qu'il n'ait pas été pleinement reconnu de son vivant, Jacques Tati est aujourdhui considéré comme l'un des réalisateurs les plus novateurs et influents de l'histoire du cinéma sur le plan mondial. Tati était connu pour son style unique et son approche burlesque particulière. Ses films, tels que *Les Vacances de Monsieur Hulot* et *Mon Oncle*, étaient empreints d'un humour visuel, mêlé à une observation minutieuse de la société moderne. Il a créé le personnage Monsieur Hulot, devenu une figure emblématique du cinéma français.

Y

La dernière séance

19 janvier 1982. Le concept est lancé par Eddy Mitchell, qui constate un manque de diffusion de vieux films américains (1930-1960) et la disparition des séances de minuit dans les cinémas autour de lui. Ainsi, à partir de janvier 1982 et jusqu'en décembre 1998, sur un rythme quasi mensuel, l'émission se présente à l'ancienne, années 50-60 avec un vieux cinéma de quartier et des figurants en tenue de l'époque. On se souviendra à la fin de l'année 1982, du film en 3D : *L'étrange créature du lac noir* avec des lunettes 3D.

Arnold et Willy

2 Afro-Américains pauvres téléportés par un concours de circonstance dans les plus hautes sphères de Manhattan. Un scénario assez classique aujourd'hui, beaucoup moins quand *Arnold et Willy* arrive en France en 1982 ! Très vite, il séduit des millions de téléspectateurs réguliers. Si on ajoute les invités de marque comme la Première dame Nancy Reagan, et l'intégration des Noirs que la série a facilité, le feuilleton a indéniablement bouleversé son époque.

MUSIQUE

Chacun fait c'qui lui plaît
29 janvier 1982. « 5 heures du mat, j'ai des frissons, je claque des dents et je monte le son ». Tout le monde connaît par cœur ces lignes de *Chacun fait (c'qui lui plait).* Le duo Chagrin d'amour fabrique ainsi la première chanson populaire de rap français. Que la chanteuse Valli Kligerman ne soit pas aussi douée pour les langues n'a rien d'étonnant. Américaine d'origine, elle ne s'est installée à Paris qu'en 1980.

MES 18 PREMIÈRES ANNÉES
TOP 10 1982

1. **Pierre Bachelet** *Les corons*
2. **Chagrin d'Amour** *Chacun fait c'qui lui plait*
3. **Dexys Midnight Runners** *Come On Eileen*
4. **The Human League** *Don't You Want Me*
5. **Joan Jett & The Blackhearts** *I Love Rock 'n' Roll*
6. **Jean-Luc Lahaye** *Femme que j'aime*
7. **Philippe Lavil** *Il tape sur des bambous*
8. **Steve Miller Band** *Abracadabra*
9. **Thierry Pastor** *Le coup de folie*
10. **Toto** *Africa*

Open | Search | Scan

Fête de la musique
21 juin 1982.
Le premier mandat du Président François Mitterrand est célébré en juin 1981 par une grande fête musicale sur la Place de la République à Paris. Plus de 100 000 personnes viennent applaudir Jacques Higelin et le groupe Téléphone. Ce grand succès inspirera un an plus tard le ministre de la Culture Jack Lang pour organiser une Fête de la musique nationale.

Bernard Lavilliers
Il rencontre la chanteuse franco-suisse Nicoletta. Elle ne connaît pas le chanteur et son répertoire, mais elle comprend tout de suite vers où elle doit aller. Nicoletta accorde sa voix au timbre de Lavilliers ; la magie est ainsi créée. La chanson *Idées noires* fait un véritable carton.

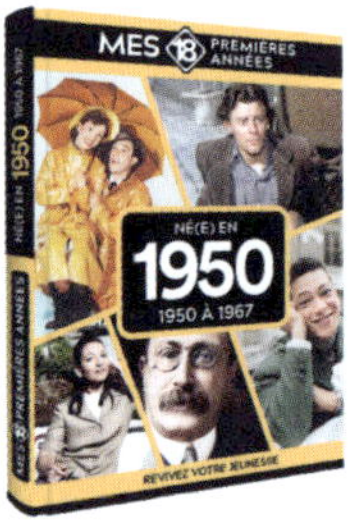

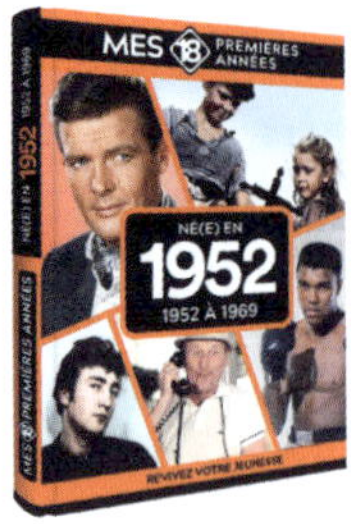

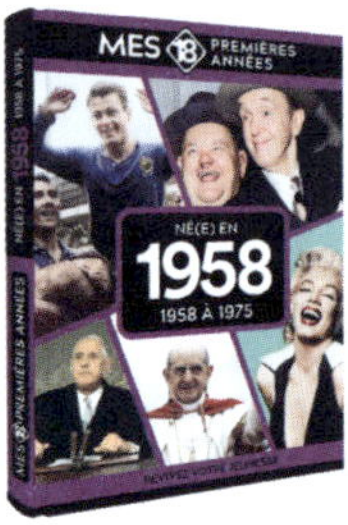

MES 18 PREMIÈRES ANNÉES

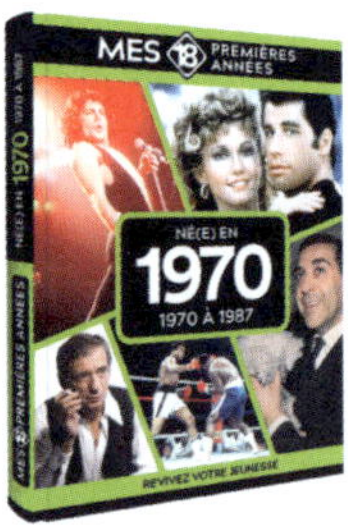

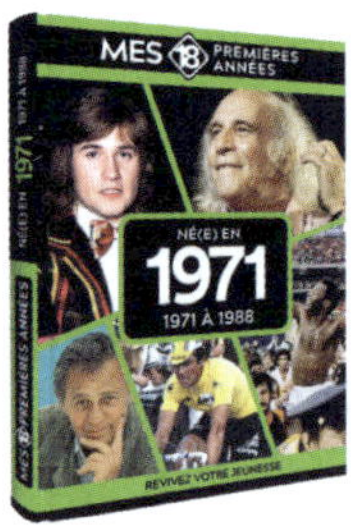

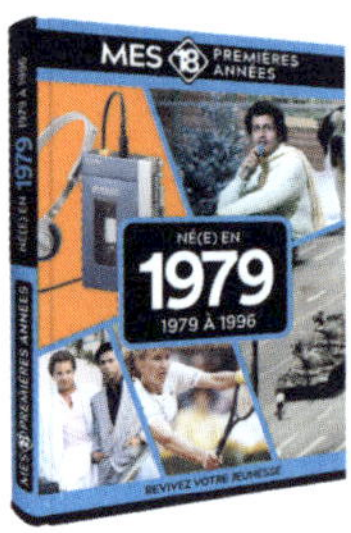

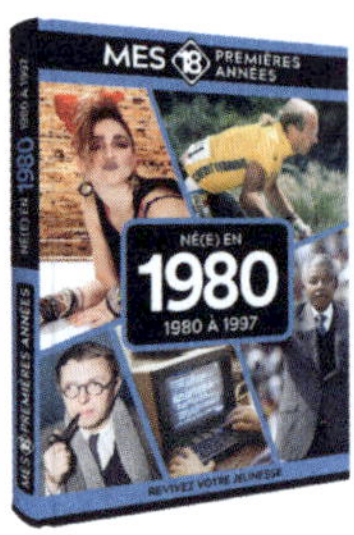